I0840368

¿QUÉ SON LOS AMIGURUMIS?

Los amigurumi son adorables muñecos tejidos a mano.

Se pueden hacer de ganchillo y también de punto tejido con 2 agujas, pero lo más habitual es encontrarlos hechos a ganchillo. Su elaboración abarca desde objetos decorativos como animales, plantas, personajes, entre otros.

La palabra "Amigurumi" tiene origen japonés y está compuesta por dos términos: "ami", que significa tejer y "gurumi", que significa muñeco. Así pues, amigurumi significa "muñeco tejido". En Japón es habitual verlos como decoración en lugares de trabajo y también se utilizan como amuletos.

Es probable que el origen de los amigurumis se remonte a la dinastía Shang en China, donde se han encontrado registros de muñecas tejidas.

A principios del siglo XVI, esta técnica artesanal se difundió gracias a la interacción entre Japón y China, o quizá a finales del siglo XIX, cuando los holandeses introdujeron las técnicas de tejido en Japón. La realidad es que su difusión y origen no está muy claro.

Lo cierto es que al final de la Segunda Guerra Mundial, cuando dejaron caer las bombas nucleares en Hiroshima y Nagasaki, Japón perdió su fuerza política, y se necesitaba algo que ayudara con lo difícil que fue vivir aquello. Así nació la cultura "cute" (adorable) de Japón, en uno de los intentos por combatir ese sentimiento después de la guerra. Japón atravesaba momentos difíciles. En este contexto, algunos expertos en amigurumi, señalan la relevancia de la labor de tejer muñecos por parte de las mujeres, no sólo como una forma de entretenimiento, sino también como un alivio para la población infantil.

De allí que se cree que tienen alma y acompañan, protegen y consuelan a su dueño.

Se dice que no tienen boca (aunque también se pueden hacer con boca), para ser un confidente que nunca contará sus secretos. Así, si su dueño está contento, le acompañará en su alegría, y si está triste, le acompañará en su pena.

En 1970, surgió la cultura "Kawai" (lindo o tierno en japonés) en Japón, destacando personajes como Hello Kitty. Con el tiempo, esta cultura se diversificó y se incorporó en diferentes ámbitos sociales y cultural.

A mediados del siglo XX, la práctica de tejer muñecos se internacionalizó, y a finales de los 80 (cuando surge el término "amigurumi") alcanzan mucho auge gracias a un programa de la televisión japonesa llamado Ami.

En occidente se hacen populares a mediados de la década de los 2.000, cuando empiezan a aparecer tutoriales en vídeo y patrones online. Hoy en día, encontramos amigurumis en tiendas físicas o virtuales, ferias, tiendas independientes y otros espacios, formando parte gradual de nuestra cultura contemporánea.

DETALLES Y CARACTERÍSTICAS

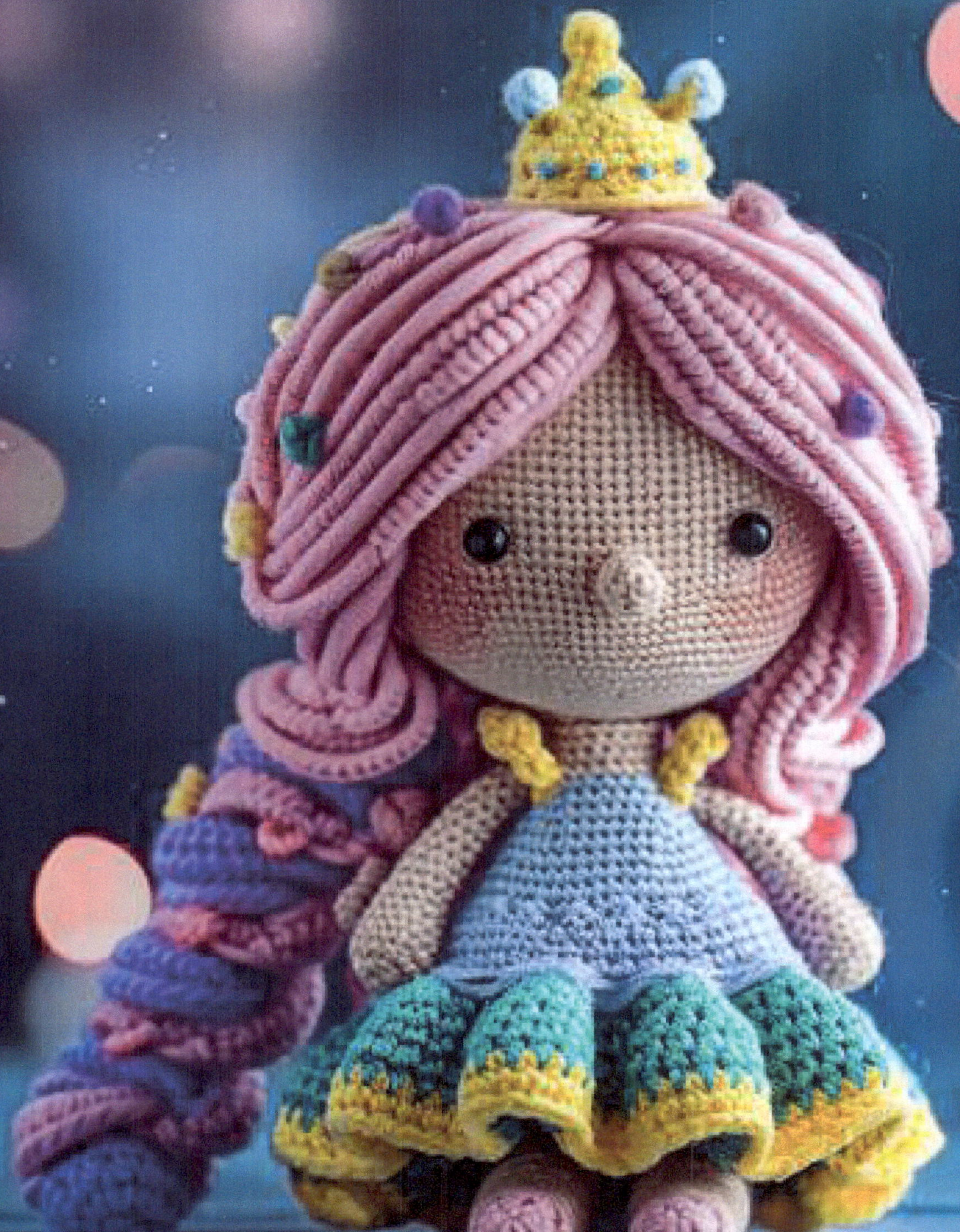

NIVEL DE DIFICULTAD

Complicado.

TIEMPO DE EJECUCIÓN

8 a 10 horas

DIMENSIONES

50cm de alto.
Todo dependerá de las características de la lana o hilo y de la aguja que se utilice.
En este caso se ha utilizado lana acrílica de grosor intermedio y un gancho de 2mm.

MATERIALES NECESARIOS

- Lana o hilo para tejer: 100gr/1300gr color para piel, 50gr/80gr negro, 30gr/50gr azul intenso, unos pocos metros de azul claro, unos pocos metros de rojo, 80gr/100gr blanco, 80gr/100gr amarillo claro, unos pocos metros de amarillo intenso.

- Aguja para ganchillo y lanera para coser.

- Relleno.

- Fieltro o paño: negro y amarillo (retazos)

- Goma eva blanca.

- Pintura acrílica: blanco, negro, marrón y rojo.

- Silicona caliente si va a pegar en lugar de coser.

OBSERVACIONES

Los detalles finales se pueden bordar, o utilizar fieltro o paño, goma eva o pintura.

TIPS Y CONSEJOS

01 TEJA AJUSTADO

Para que su tejido luzca bien, sin agujeros entre los puntos, y que no se vea el relleno, debe tejer teniendo la precaución de ajustar bien su tejido manteniendo siempre las hebras relativamente tensas.

También se recomienda utilizar un número de aguja más pequeño que el que se indique para su hilo o lana, ya que esto asegura, también, un tejido ajustado y que no dejará huecos que hagan que su amigurumi se vea mal y flojo.

02 CAMBIO DE COLOR INVISIBLE

Aunque no está "mal visto" que se note el cambio de color entre una vuelta y otra con un pequeño salto o escalón, su pieza se verá mejor si esto no es evidente y pasa desapercibido.

Esto se logra aplicando cualquier técnica de *cambio de color invisible*, aunque recomendamos utilizar la siguiente, puesto que es la técnica en la que menos se nota el cambio de color (esta técnica también es útil para dar terminación a una pieza que finalice abierta, para que no se note el escalón):

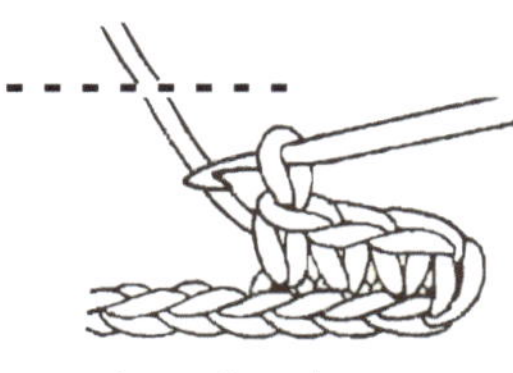

1 Cuando haya terminado con el primer color, corte la hebra dejando unos 20cm.

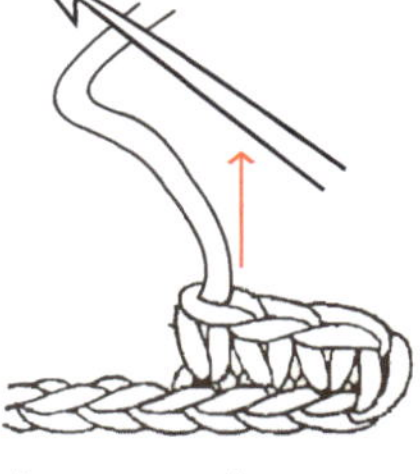

2 Tire de la aguja o gancho, cerrando el punto, y suelte la hebra.

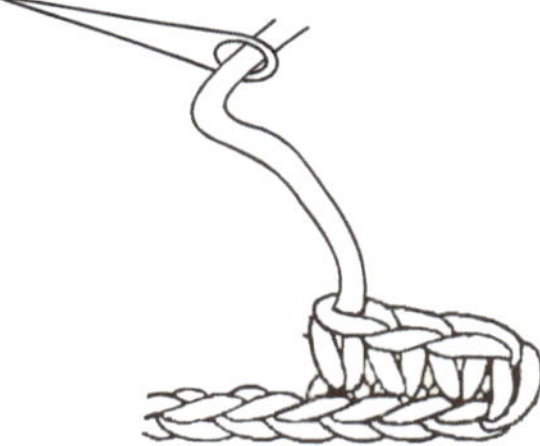

3 Enhebre la aguja en la hebra que ha quedado suelta.

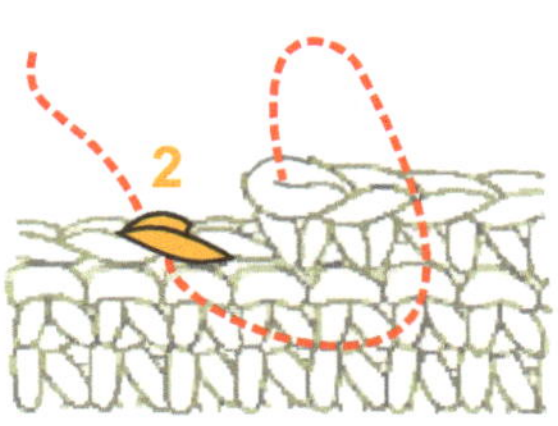

4 Pase la aguja por el segundo punto de delante, saltándose el primero, a través de sus 2 hebras, de adelante hacia atrás.

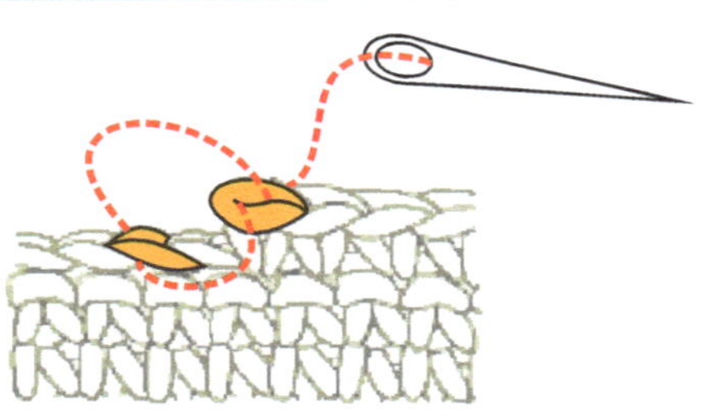

5 Luego tome la hebra trasera del punto desde donde partió, también de adelante hacia atrás.

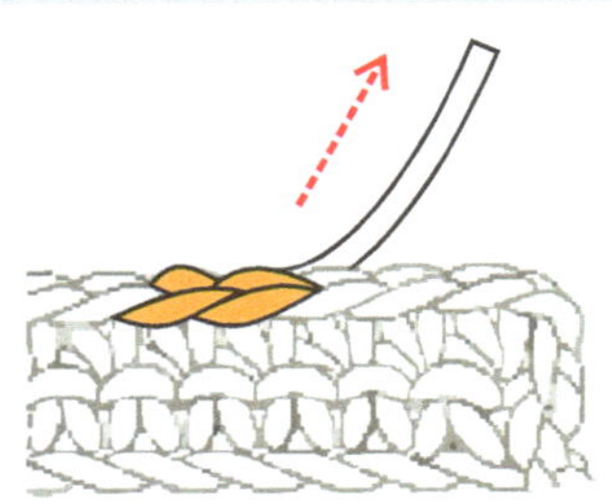

6 Tire para ajustar el nuevo punto que acaba de formar hasta que tenga el mismo tamaño que los otros. Esto iguala las alturas.

Anude por dentro. Iniciar la vuelta siguiente con el nuevo color, en cualquier punto. Quedará mejor si la primer vuelta la inicia tomando los puntos por su hebra trasera.

Disminuciones invisibles

03

Cuando las disminuciones se realizan saltando simplemente un punto, o tomando dos puntos juntos pero completos, se puede crear, a veces, un pequeño agujero en el tejido que provoca que nuestra pieza luzca mal acabada, y que pueda verse el relleno a través de los huecos.

Para evitar este inconveniente, debe realizar las diminuciones "invisibles". Esto se lleva a cabo tomando sólo las hebras delanteras de los dos puntos que va a disminuir y convertir en uno.

Refuerzo de cuello

04

Cuando haya necesidad de reforzar el cuello de sus amigurumis, tenga en cuenta que debe utilizar materiales que no se estropeen con el agua (hay que lavar, de vez en cuando, cualquier amigurumi o peluche que utilizan los niños).

Si utiliza madera, puede aparecer moho por la humedad. Si utiliza metal, puede aparecer óxido y manchar la pieza. Se recomienda el plástico: barritas de silicona o palillos (de los que regalan los pediatras, pajillas rígidas, tubos de atomizadores que se agotan, etc., use su imaginación y recicle).

El relleno

05

Siempre debe recordar ir rellenando cada pieza a medida que el tejido avanza. Esto es fundamental para no tener que estirar el amigurumi al rellenar de golpe, al final. Hágalo de a poco. Además, si el tejido es estrecho, le será más complicado.

Cuando rellene su amigurumi, tenga precaución de hacerlo por todos los rincones, que adquiera la forma deseada (fundamental para las redondeces y esferas) acomodando el relleno para conseguirlo.

No escatime en material. Rellene lo suficiente para que su trabajo quede apretado, firme y "saludable".

Marcar el punto inicial

Una de las cosas que más nos puede desesperar, es perder la cuenta de las vueltas o puntos. Esto puede significar que debamos comenzar a tejer desde el principio. Tranquilidad, nos a pasado a todos.

Puede evita que esto ocurra marcado el primer punto que teje de cada vuelta, de este modo sabrá dónde comienza y dónde termina la misma y verá la cantidad de puntos que contiene.

Se puede utilizar un imperdible para tomar el punto, o un marcador de punto.

Otra técnica (y a mi parecer es la mejor) es pasar una hebra de otro color, un poco más fina que la de su tejido, a través de cada primer punto que teja de cada vuelta. Así, llevará el registro perfecto de qué vuelta corresponde a la de su patrón, y si debe destejer, sabrá hasta dónde hacerlo (imagen de abajo).

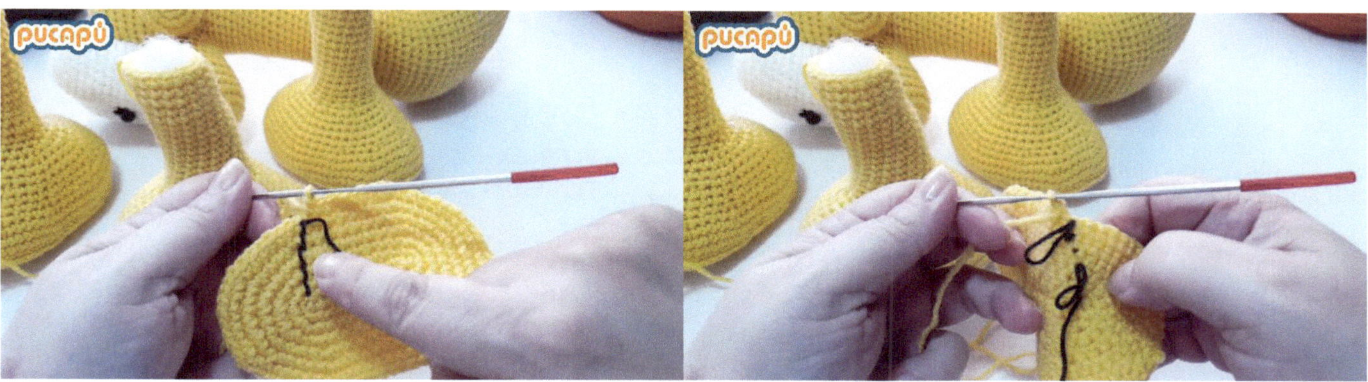

ANATOMÍA DEL PUNTO

Un punto tejido y acabado, bien formado, tiene diferentes partes. Es muy importantes saber diferenciarlas y tenerlo en cuenta, ya que muchas veces, el diseño o patrón, nos pedirá tejer por lugares que no son los habituales. Veamos:

*La última vuelta de nuestro tejido está formada por la serie de puntos que hemos realizado. Estos tienen, en su posición consecutiva (uno a continuación del otro) una forma de espiga o de **V**, conformada por dos hebras, que se unen en un extremo y se separan en el otro.*

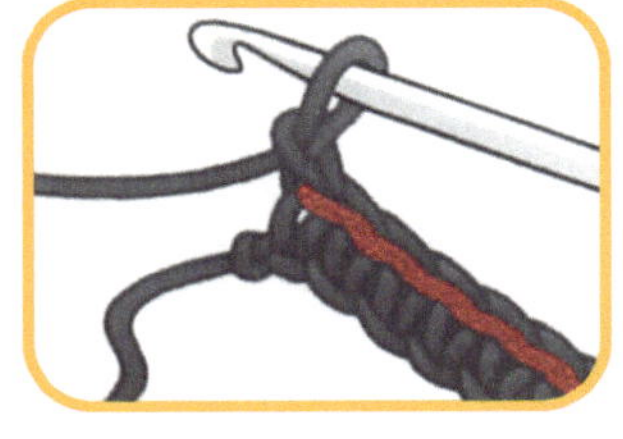

*Todas las hebras de los puntos que se nos presentan en el frente, constituyen las **hebras delanteras** de los puntos, y muchas veces tendremos que tejer a través de ellas.*

El resultado tendrá la característica, entre otras, de ser una pieza mucho mas blanda y elástica, y con una textura muy diferente.

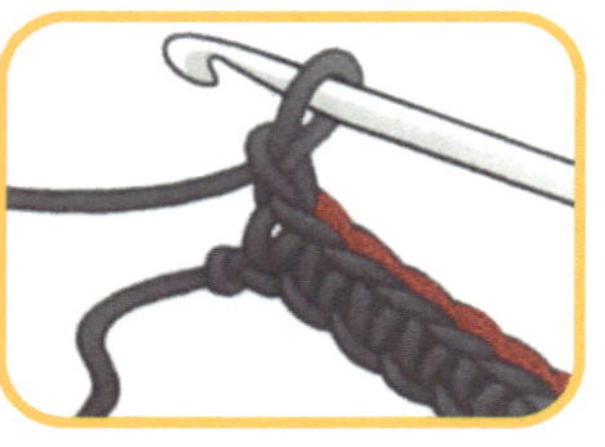

*Todas las hebras de los puntos que se nos presentan por detrás, constituyen las **hebras traseras** de los puntos, y muchas veces tendremos que tejer a través de ellas.*

El resultado tendrá la característica, entre otras, de ser una pieza mucho mas blanda y elástica, y con una textura muy diferente.

*Lo anterior, son las partes del punto que vemos claramente por el frente. Pero detrás de nuestro tejido, tenemos una especie de "bulto" trasero, que tiene la apariencia de una joroba, y que abraza o enlaza las hebras anteriores (delantera y trasera). Estos **bultos traseros** también se usan para tejer.*

El tejido resultante tendrá la característica, entre otras, de dejar a la vista la espiga completa de la vuelta anterior (hebra delantera y trasera).

Lo más importante y llamativo de esta técnica, es que posibilita el que el tejido se levante en ángulo recto, que se doble en 90º en la vuelta que se ha tejido por el bulto trasero del punto.

ABREVIATURAS

pto: punto
ptos: puntos
cad: cadena
am: anillo mágico
pe: punto enano o punto raso
pb: punto bajo

pr: punto reversa o punto cangrejo
mv: media vareta
var: vareta
dv: doble vareta
tv: triple vareta
aum: aumento

dism: disminución
tt: tejido por la hebra trasera
td: tejido por la hebra delantera

ANATOMÍA DEL PATRÓN

10: 5pb, 1aum // x6 (42)

① ② ③ ④

1 Número de vuelta. Abarca desde el primer punto hasta el último de la misma. Los dos puntos (:) que le siguen indican que, lo que continua, será lo que se deba tejer en o efectuar en esa vuelta.

2 Puntos a tejer, o indicaciones de la labor en la vuelta especificada antes.

3 Número de veces que debe repetirse la serie que se escribe antes de los símbolos //

4 Cantidad de puntos que se han tejido en la vuelta, o cantidad de puntos que debe haber en ella. Cada tanto, conviene chequear que ese número coincida con lo que tenemos en nuestro tejido para asegurarnos de que lo estamos haciendo bien y que no hay errores.

PIERNAS

En amarillo intenso:

1: cadena de 12 puntos

2, a partir del 2º punto: 10pb, 1 aum, 9pb
(tejeremos en circular alrededor de la cadena)

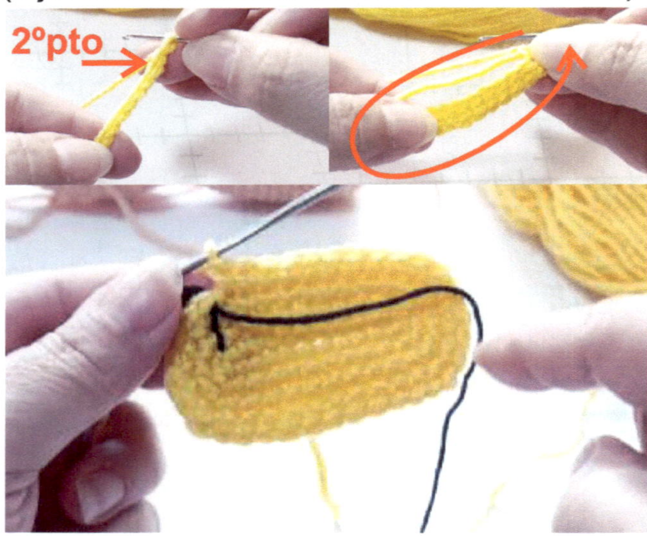

3: 2aum, 9pb // x2 (26)

4: 1aum, 2pb, 1aum, 9pb // x2 (30)

5: 1aum, 4pb, 1aum, 9pb // x2 (34)

6, por el bulto trasero: pb (34)

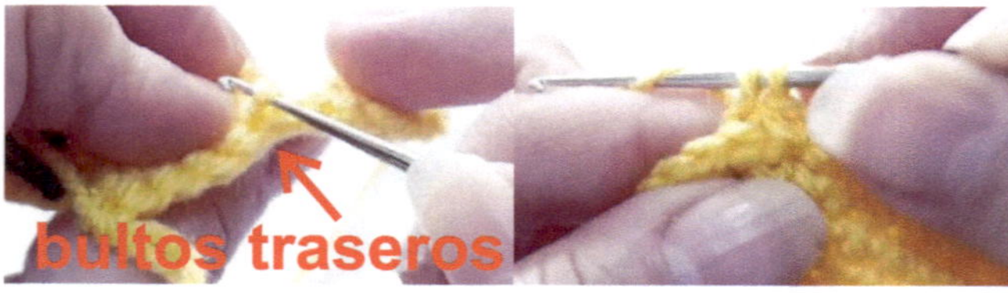

7/8: pb (34)

9: 18pb, 1dism, 2pb, 1dism, 10pb (32)

10: 12pb, 1dism, 2pb, 1dism, 1pb, 1dism, 1pb,
1dis, 2pb, 1dism, 4pb (27)

Cerrar invisible.

Cambio de color: piel.

Realizaremos la primer vuelta del nuevo color
por las hebras traseras de los puntos amarillos.
Comenzaremos a tejer en el punto medio
trasero del zapato.

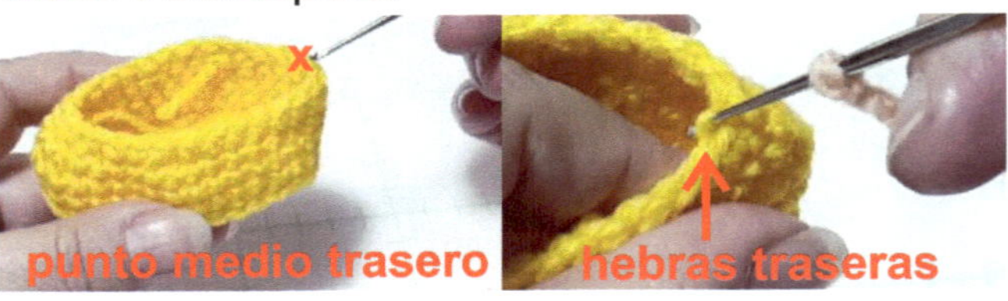

11: 6pb, 1dism, 3pb, 1dism, 2pb, 1dism, 3pb
(23)

12: 6pb, 1dism, 2pb, 1dism, 2pb, 1dism, 7pb
(20).

Colocar plantilla (recicle tapas plásticas)

Continuamos tejiendo:

13: 8pb, 2dism, 8pb (18)

14: 6pb, 3dism, 6pb (15)

15/16: pb (15)

17: 4pb, 1aum // x3 (18)

18/19: pb (18)

20: 5pb, 1aum // x3 (21)

21/22: pb (21)

23: 6pb, 1aum // x3 (24)

24/28: pb (24)

29: 6pb, 1dism // x3 (21)
30: 5pb, 1dism // x3 (18)
31/32: pb (18)
33: 5pb, 1aum // x3 (21)
34: pb (21)
35: 6pb, 1aum // x3 (24)
36: pb (24)
37: 7pb, 1aum // x3 (27)
38/48: pb (27)
Cerrar invisible.

CUERPO

En blanco:
Iniciamos tejiendo en el punto lateral derecho de cualquier pierna:

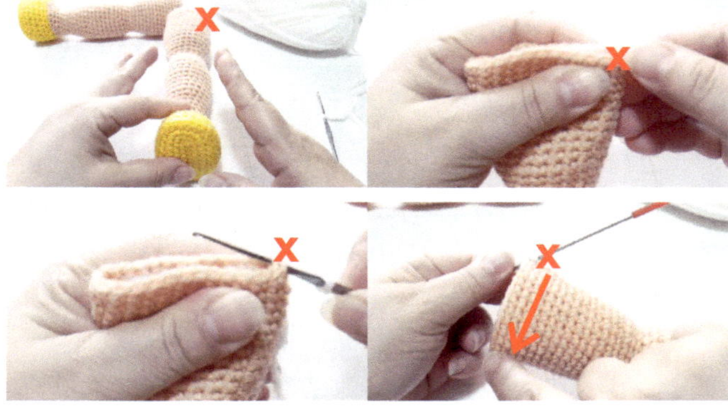

1: tejer 14pb en esa pierna de inicio, tejer los 27 puntos de la siguiente pierna con 27pb a partir del punto lateral derecho, tejer los 13 puntos restantes de la pierna de inicio con 13pb (54)

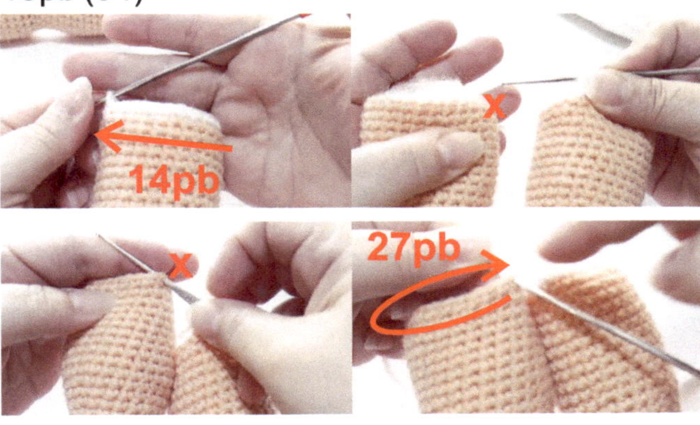

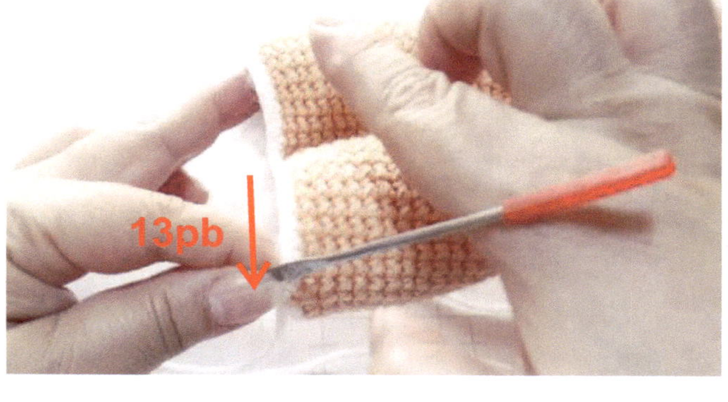

Quedará formado un nuevo contorno blanco de 54 puntos.

2: 30pb, 1aum, 3pb, 1aum, 3pb, 1aum, 3pb, 1aum, 3pb, 1aum, 3pb, 1aum, 3pb (60)
3/15- pb (60)
16: 30pb, 1dism, 3pb, 1dism, 3pb, 1dism, 3pb, 1dism, 3pb, 1dism, 3pb, 1dism, 3pb (54)
17: 7pb, 1dism // x6 (48)

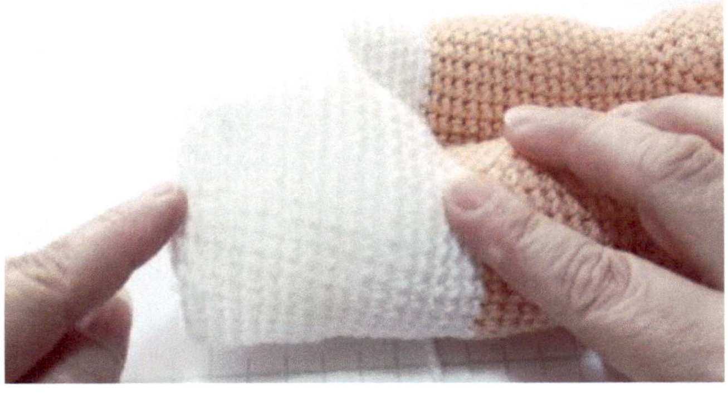

Cambio de color invisible: azul intenso.

18: pb (48)
19: 14pb, 1dism // x3 (45)
20: pb (45)
21: 13pb, 1dism // x3 (42)
22/25: pb (42)
26: 13pb, 1aum // x3 (45)
27: pb (45)
28: 14pb, 1aum // x3 (48)
29/40: pb (48)
Tejer puntos bajos hasta llegar al punto medio de la espalda, y luego continuar con la vuelta 41.

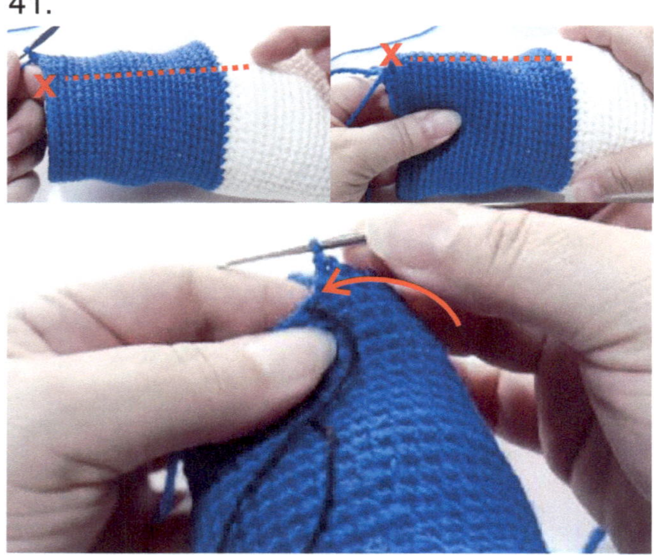

46: 4pb, 1dism // x6 (30)
47: 3pb, 1dism // x6 (24)
48: 2pb, 1 dism// x6 (18)
49/64: pb (18)
Colocar refuerzo, desde el cuello hasta el pecho.
Terminar de rellenar.
Cerrar la apertura y dejar la hebra larga.

41: 16pb, 1dism, 5pb, 1dism, 5pb, 1dism, 16pb (45)
42: 16pb, 1dism, 3pb, 1dism, 4pb, 1dism, 16pb (42)
43: 16pb, 1dism, 2pb, 1dism, 2pb, 1dism, 16pb (39)
44: 15pb, 1dism, 2pb, 1dism, 2pb, 1dism, 14pb (36)

Cambio de color invisible: piel.

45, por los bultos traseros de los puntos azules, a partir de cualquier punto: pb (36)

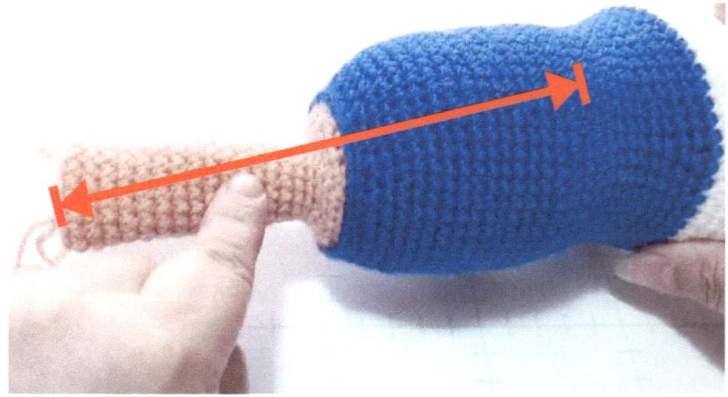

El refuerzo debe ir desde el cuello hasta, al menos, la mitad del cuerpo.

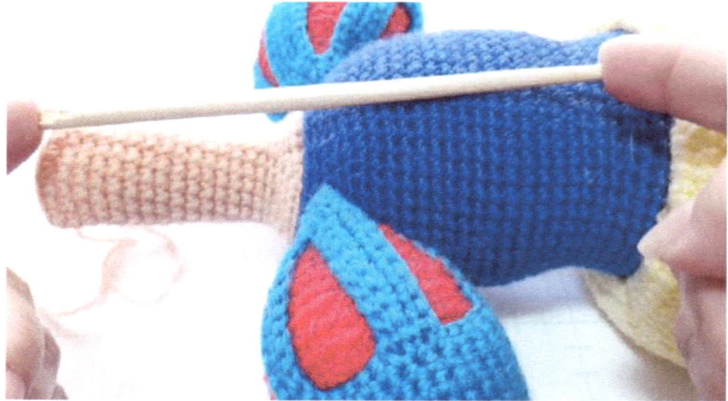

Puede ser cualquier material rígido, aunque se recomienda que no sea metal, para que no se oxide y

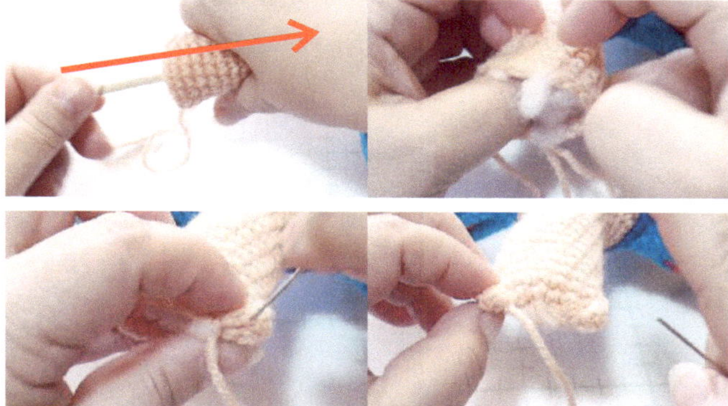

BRAZOS

En color piel:

DEDOS X 5

1: anillo mágico de 6 puntos
2/4: pb (6)
Cerrar invisible 4 dedos y dejar sin cerrar el quinto.

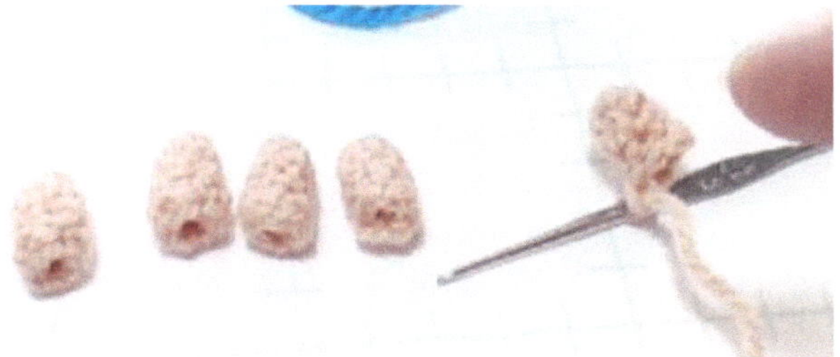

UNIÓN DE DEDOS: MANO Y BRAZO

Con el gancho o aguja en el dedo que hemos dejado abierto:

1: 3pb en 3 puntos de un dedo cerrado, 6pb el los 6 puntos del contorno de otro dedo cerrado, 3pb en los 3 puntos restantes del dedo siguiente, 6pb en los 6 puntos del contorno del dedo de inicio (18)

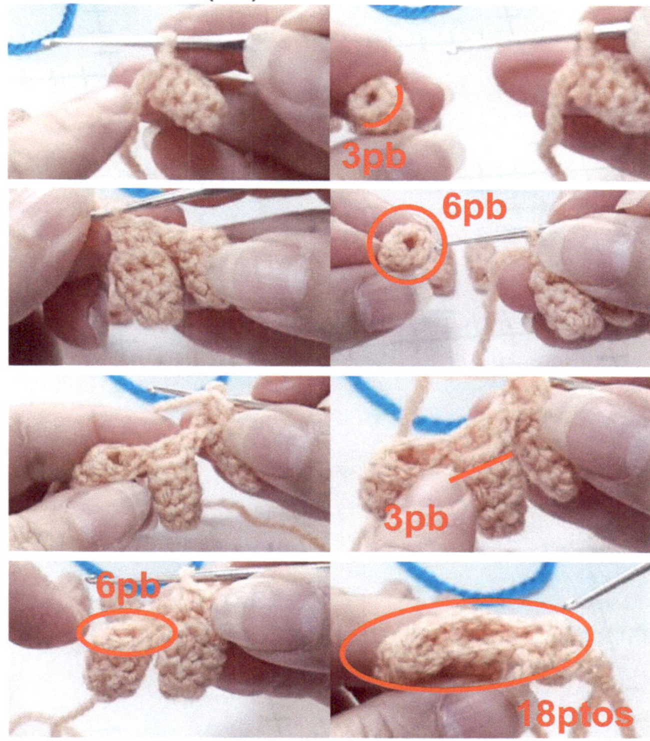

Quedará formado un tejido de 18ptos.

2: pb (18)
3: 6pb, 6pb en los 6 puntos del contorno de un dedo cerrado, 12pb en los 12 puntos restantes del contorno de la mano (24)

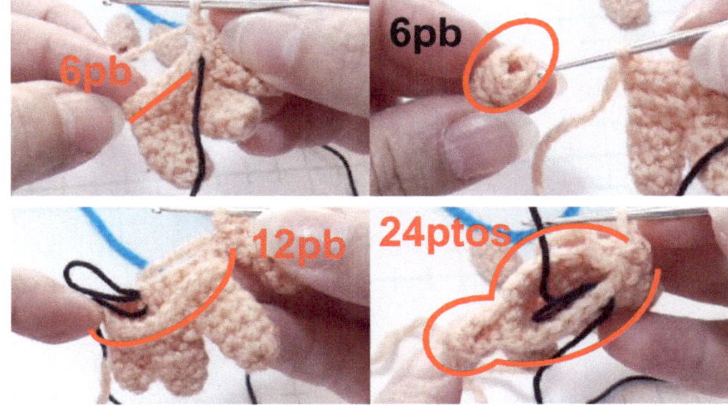

Quedará formado un tejido de 24ptos.

4: pb (24)
5: 21pb, 6pb en los 6 puntos del contorno del último dedo cerrado disponible, 3pb en los 3 puntos restantes del contorno de la mano (30)

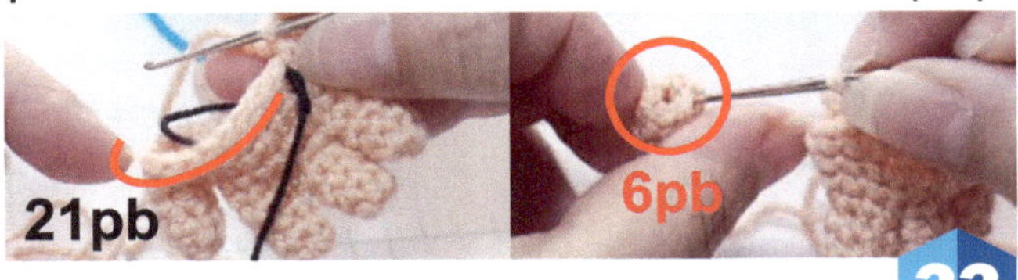

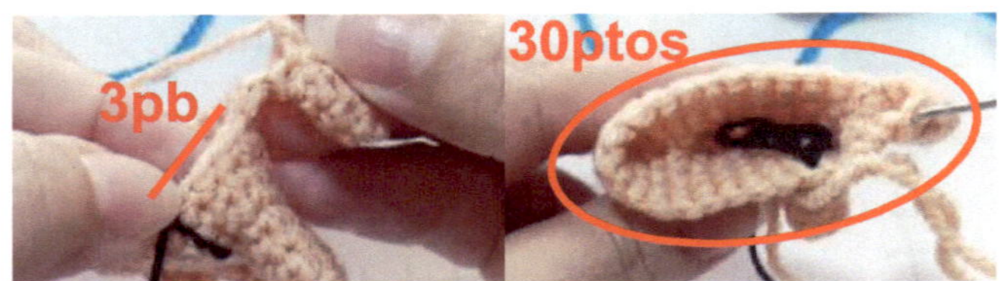

Quedará formado un tejido de 30ptos.

6: pb (30)
7: 8pb, 1dism // x3 (27)
8: 7pb, 1dism // x3 (24)
9: 2pb, 1dism // x6 (18)
10: 1pb, 1dism // x6 (12)
11: pb (12)
12: 3pb, 1aum // x6 (15)
13: 4pb, 1aum // x6 (18)
13: 5pb, 1aum // x6 (21)
15/20: pb (21)
21: 5pb, 1dism // x3 (18)
22: pb (18)
23: 4pb, 1dism // x3 (15)
24: pb (15)
25: 4pb, 1aum // x3 (18)
26: 5pb, 1aum // x3 (21)
27: pb (21)
28/32: pb (21)
33: 5pb, 1dism // x3 (18)
34/35: pb (18)
36: 4pb, 1dism // x3 (15)
37/40: pb (15)

Cerrar la apertura final del brazo, con puntos bajos o cosiendo.

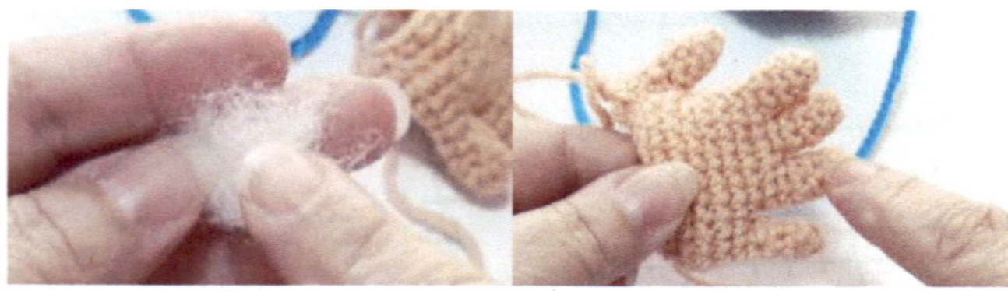

Rellenar también los dedos

Ayúdese de un palillo

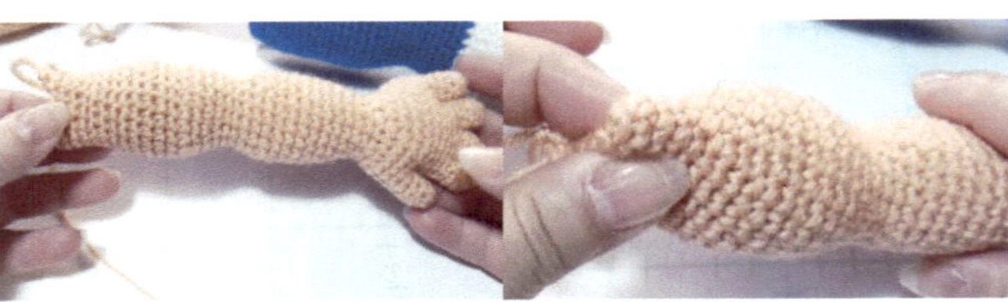

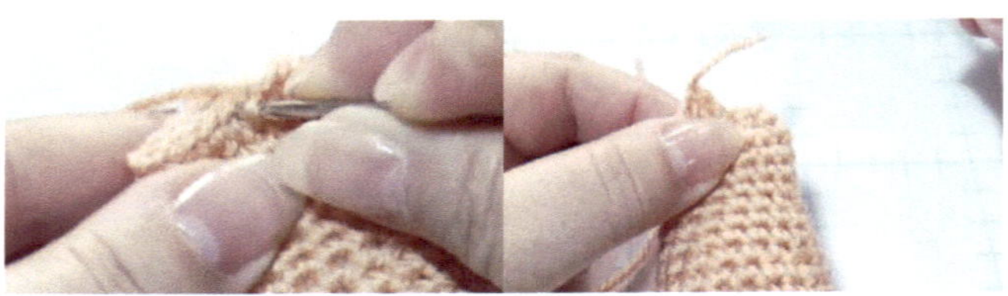

MANGAS

En rojo:
1: cadena de 21 puntos
2: cerrar en aro y tejer 21pb

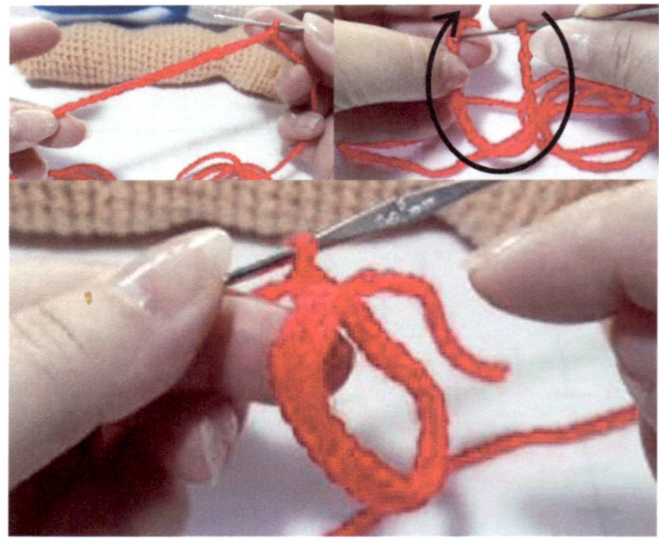

A partir de aquí, tejeremos por la hebra trasera de los puntos. Tejer flojo.

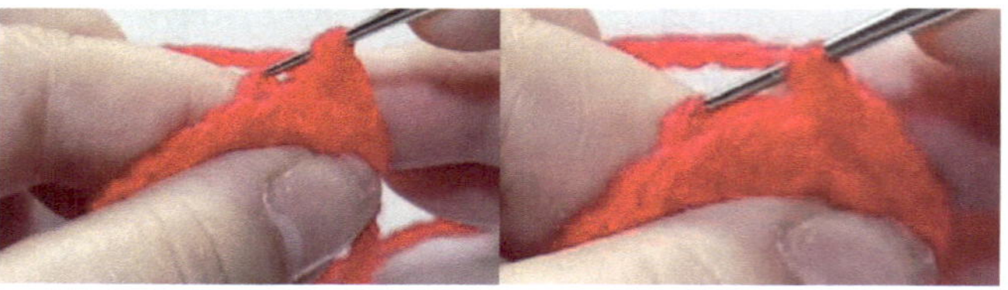

3: 6pb, 1aum // x3 (24)

4: pb (24)

5: 7pb, 1aum // x3 (27)

6: pb (27)

7: 8pb, 1aum // x3 (30)

8: pb (30)

9: 9pb, 1aum // x3 (33)

10: pb (33)

11: 10pb, 1aum // x3 (36)

12: pb (36)

13: 4pb, 1dism // x6 (30)

14: 3pb, 1dism // x6 (24)

Cambio de color: azul más claro que el vestido.

15: pb (24)

16: 3pb, 1aum // x6 (30)

17: 4pb, 1aum // x6 (36)

18: 4pb, 1aum // x6 (42)

19/20: pb (42)

21: levantar una cadena de 10 puntos, a partir

del segundo punto bajar por la cadena 9pb, volver al tejido y tejer 1pb en el primer punto disponible sin tejer, volver a tejer 1pb en el primer punto disponible sin tejer, volver a tejer subiendo por la cadena 9pb sin tejer el punto anterior, bajar tejiendo 9pb, volver al tejido y tejer 6pb.

Repetir hasta obtener 6 bastones.

Terminamos subiendo 9pb en el bastón junto al que hemos finalizado de tejer.

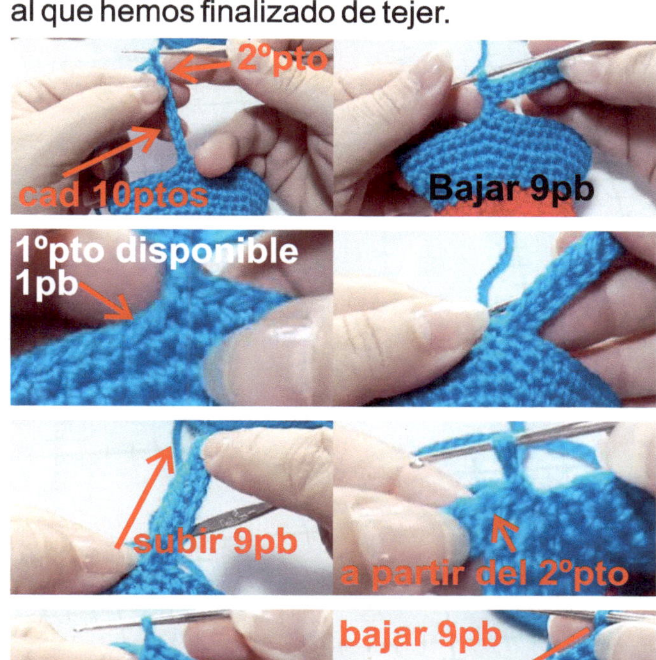

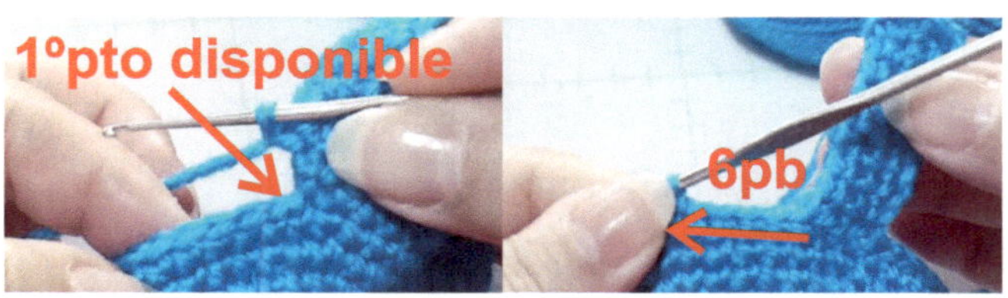

Repetir hasta obtener 6 bastones.

Luego de los últimos 6pb, subimos los 9ptos del bastón junto al que hemos terminado con 9pb.

22: sin quitar el gancho o aguja, tejer 4pb en cada bastón, en su parte superior (24)

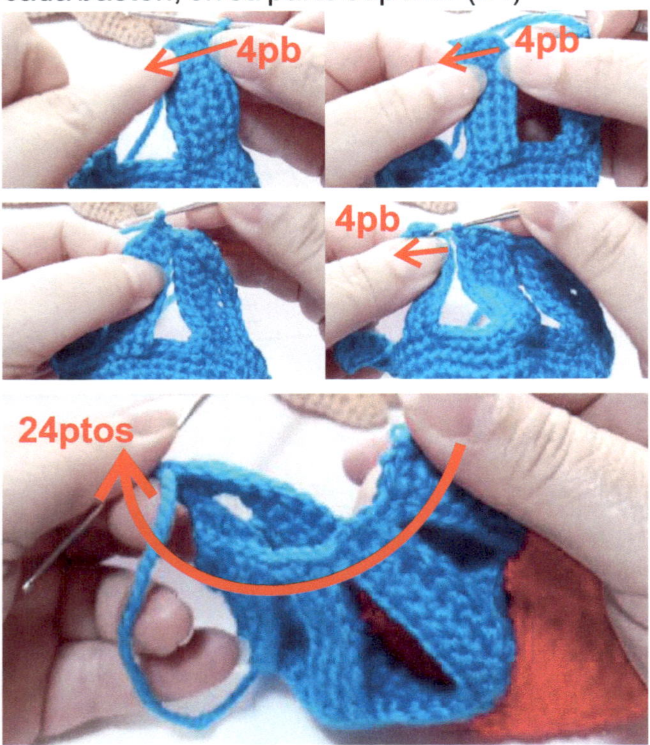

23, uniendo los extremos: pb en todo el contorno (24)
24: 6pb, 1dism // x3 (21)
Cerrar y dejar la hebra larga.

Voltear el sector azul sobre el rojo y coser ambas aberturas juntas para unirlas. Al hacerlo, debe tener la precaución de que el sector rojo quede un poco más abajo del borde azul.

Con amarillo intenso tejer en los primeros 24 puntos o bastones azules de la base de la manga:
1/3: pb (24)
Cerrar invisible y dejar la hebra larga.
Acomodar el puño amarillo por encima del codo y coserlo al brazo en todo el contorno.

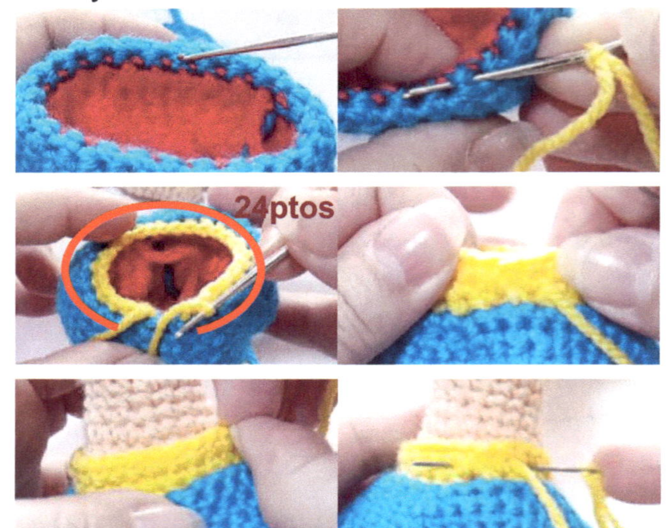

Puede rellenar un poco la parte exterior de las mangas, por dentro, para que abulte un poco. La parte interna de la manga, la que va contra el cuerpo, no se rellena para que los brazos no queden abiertos. Recuerde que los pulgares siempre van hacia delante, esto le determinará qué partes se rellenan y cuales no.

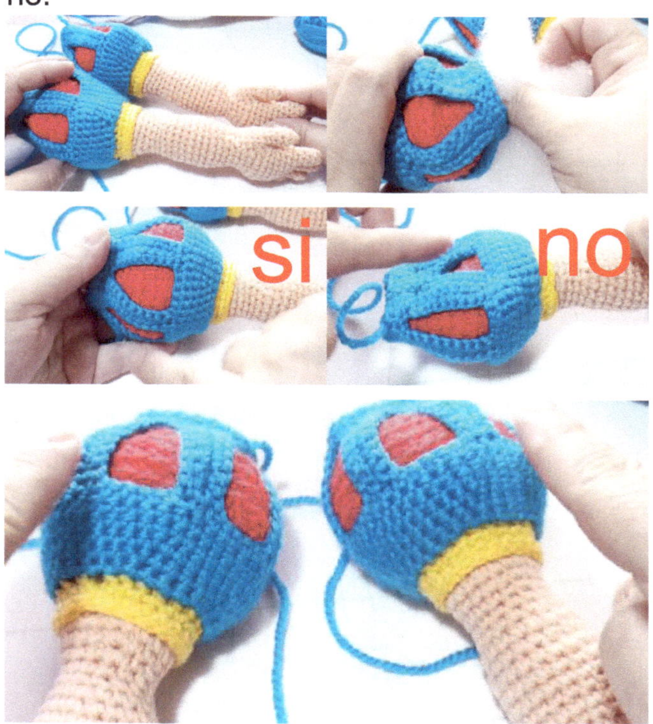

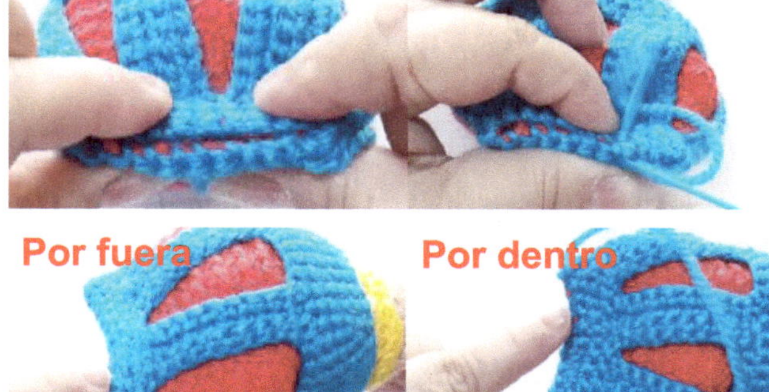

Cómo coser los brazos al cuerpo

Aplanamos la apertura, bajando un poco la parte interna de la manga, para que quede por debajo del sector externo de la misma, y cosemos en esa posición. De este modo no se notará la costura.

Colocamos el brazo en la posición correcta y lo cosemos luego de última vuelta azul del vestido.

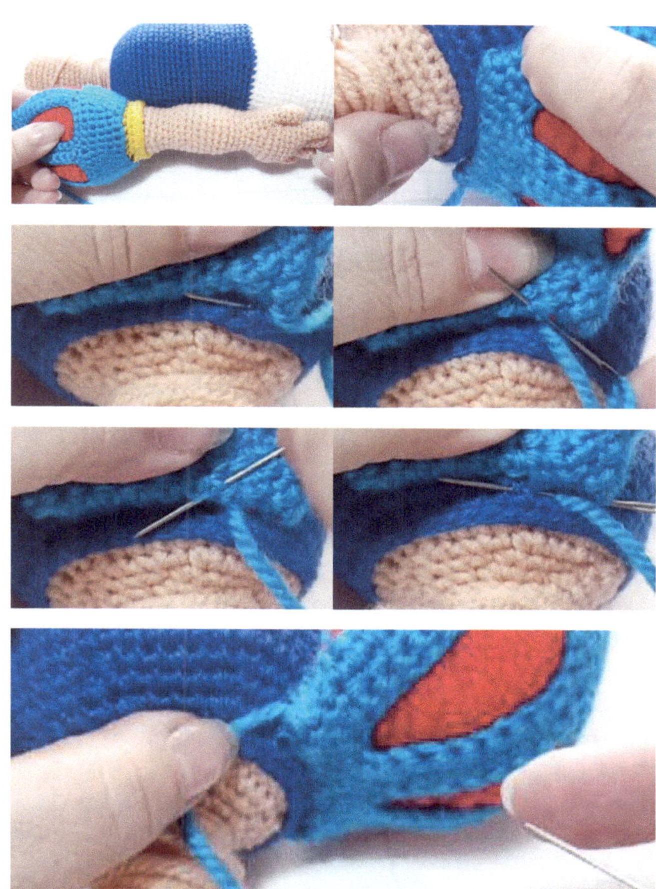

Levantamos el brazo y cosemos por debajo también, un poco más abajo de la costura anterior.

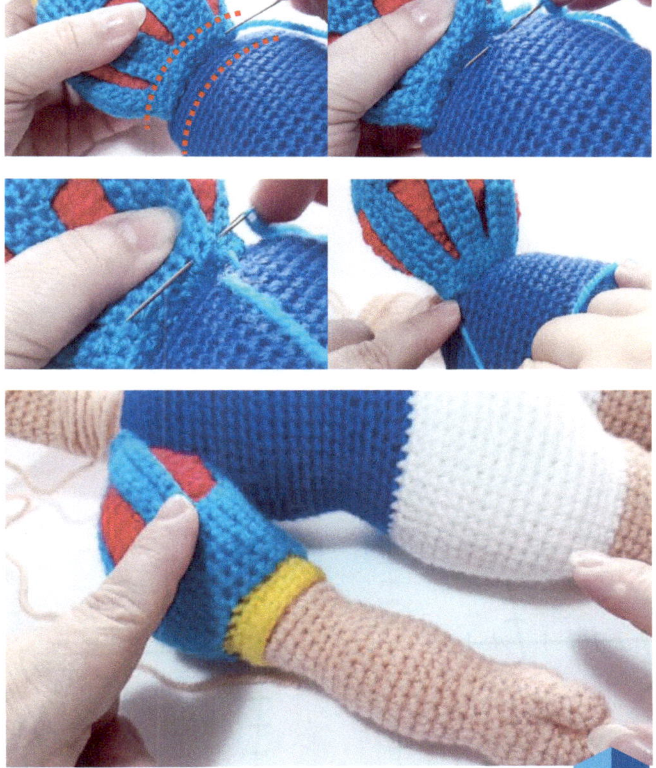

FALDAS

En blanco:
1: cadena de 60 puntos.
2, cerrar en aro y tejer: 9pb, 1aum // x6 (66)

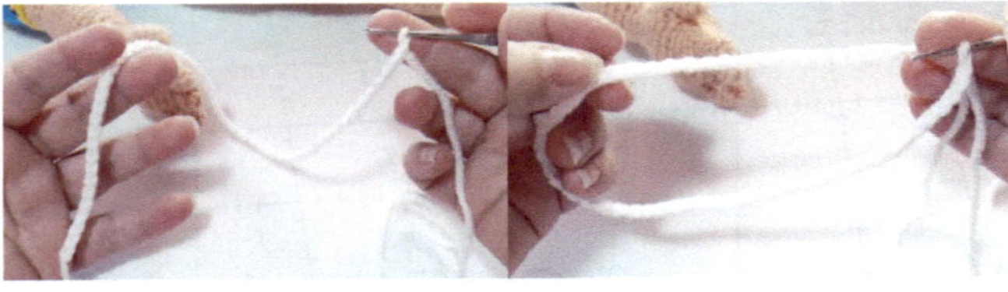

A partir de aquí tejeremos por la hebra trasera. Esto resultará en un tejido más flexible parecido a tela.
3: 10pb, 1aum // x6 (72)

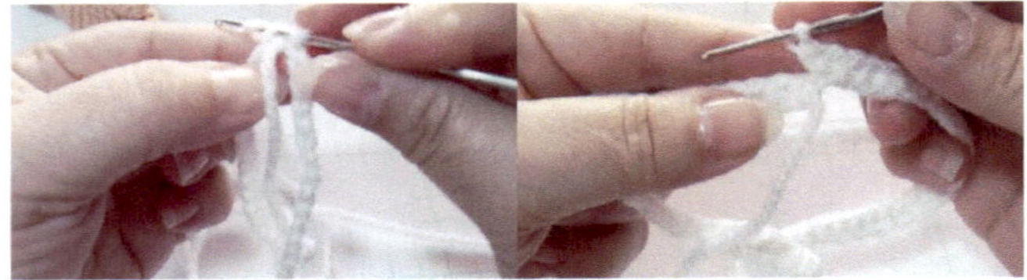

A partir de aquí tejeremos vueltas de pb (72) hasta obtener el largo deseado de la falda, siempre por las hebras traseras de los puntos. Dejar la hebra larga y cerrar invisible. Perder por dentro de la falda.

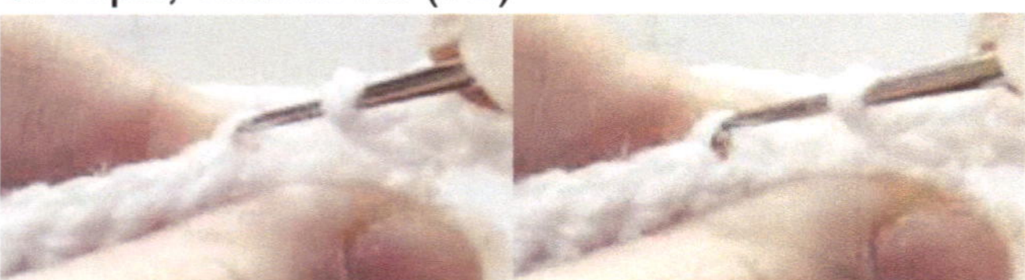

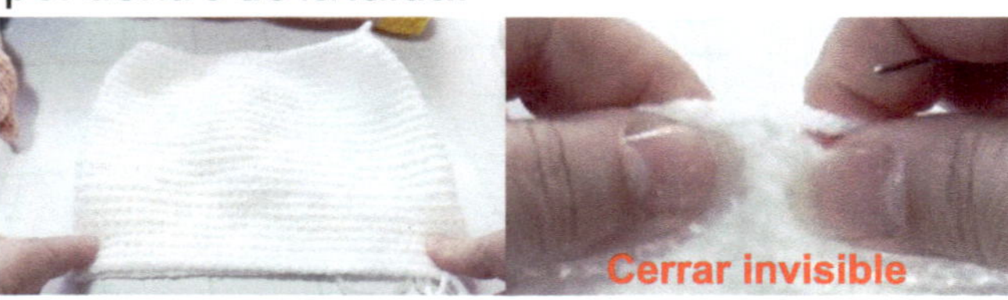

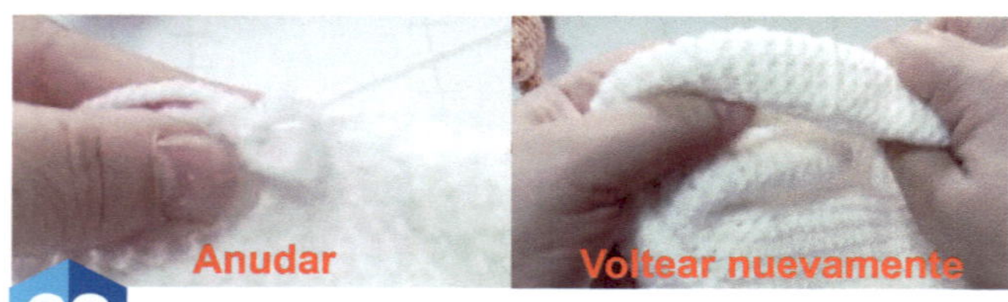

En amarillo más claro que los zapatos:
Tejeremos sobre los 60 puntos de inicio de la falda blanca.

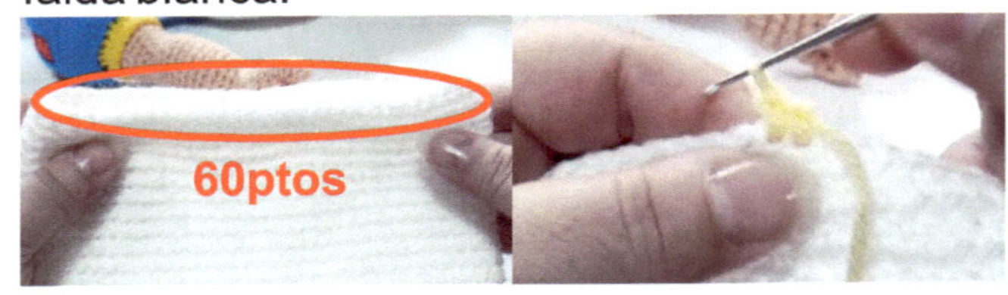

1: pb (60)
A partir de aquí tejeremos por las hebras traseras de los puntos.

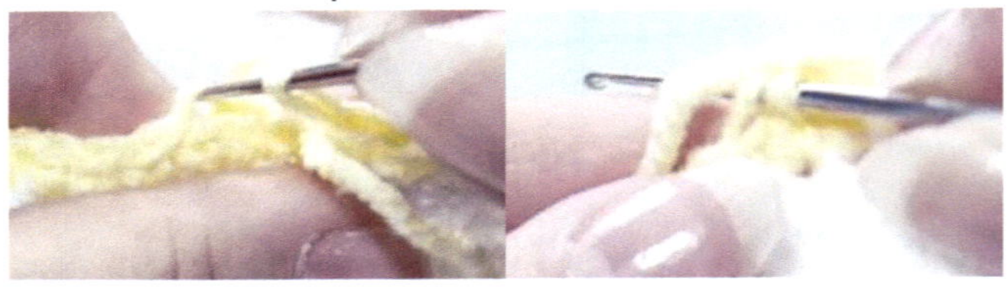

2: 9pb, 1aum // x6 (66)
3: 10pb, 1aum // x6 (72)
4: 11pb, 1aum // x6 (78)
A partir de aquí tejeremos vueltas de pb (78) hasta obtener el largo deseado de la falda, que deberá ser 1 o 2 vueltas más corta que la blanca. Dejar la hebra larga, cerrar invisible y perder la hebra por fuera.

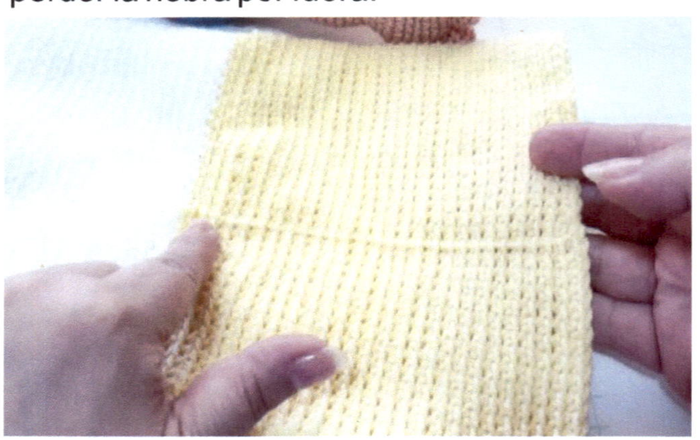

Voltear la parte amarilla sobre la blanca.

Pespuntear el contorno de la cintura con el color amarillo de la falda, en la primer vuelta de amarillo, sin anudar.

Colocar la falda a la muñeca. Fruncir el pespunte y coser la cintura fruncida al cuerpo, en la primer vuelta de color azul, en el cambio de color con el blanco.

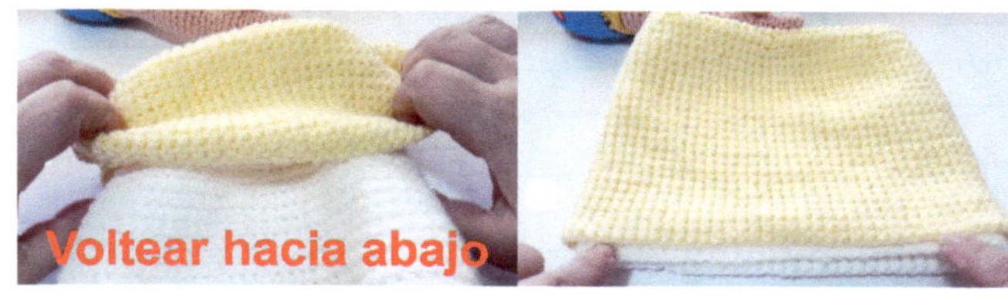

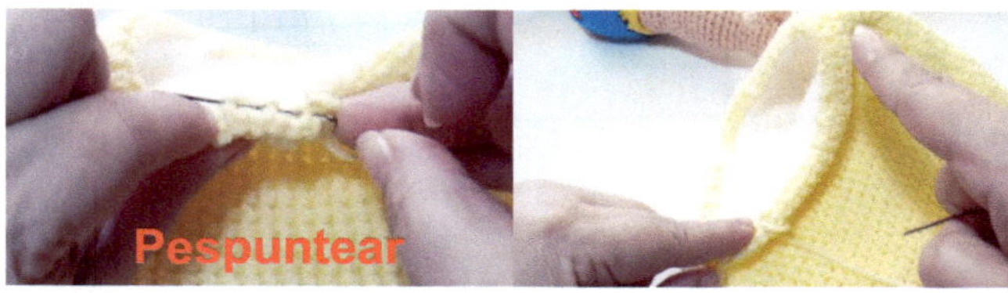

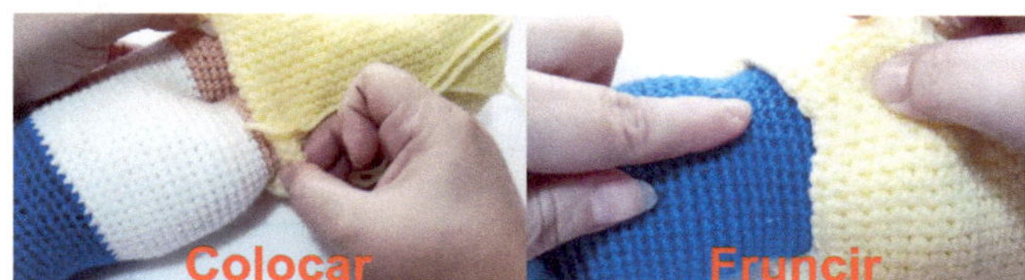

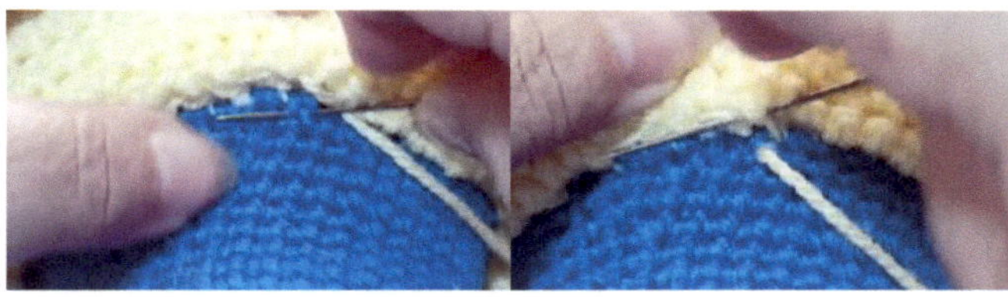

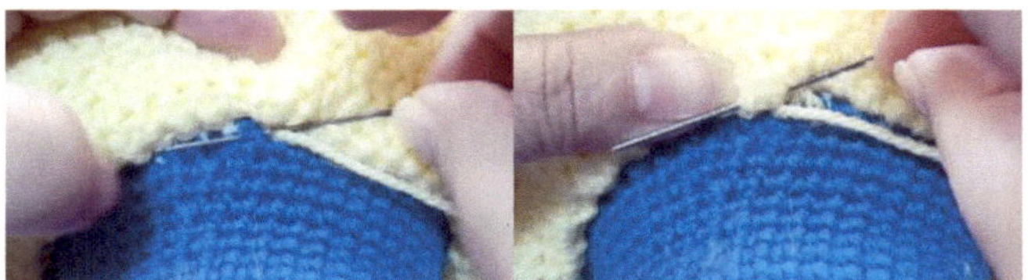

CABEZA

En color piel:

1: anillo mágico de 6 puntos

2: aum // x6 (12)

3: 1pb, 1aum // x6 (18)

4: 2pb, 1aum // x6 (24)

5: 3pb, 1aum // x6 (30)

6: 4pb, 1aum // x6 (36)

7: 5pb, 1aum // x6 (42)

8: 6pb, 1aum // x6 (48)

9: 7pb, 1aum // x6 (54)

10/20: pb (54)

21: 7pb, 1dism // x6 (48)

22: 1dism, 5pb, 1dism, 32pb, 1dism, 5pb (45)

23: 15pb, 1dism, 6pb, 1dism, 6pb, 1dism, 12pb (42)

24: pb (42)

25: 6pb, 1dism, 3pb, 1dism, 4pb, 1dism, 4pb, 1dism, 4pb, 1dism, 3pb, 1dism, 6pb (36)

26: 6pb, 1dism, 3pb, 1dism, 2pb, 1dism, 2pb, 1dism, 2pb, 1dism, 3pb, 1dism, 6pb (30)

27/28: pb (30)

29: 6pb, 1dism, 1pb, 1dism, 1pb, 1dism, 2pb, 1dism, 1pb, 1dism, 1pb, 1dism, 6pb (24)

Cerrar y dejar la hebra larga.

Colocar y coser la cabeza.

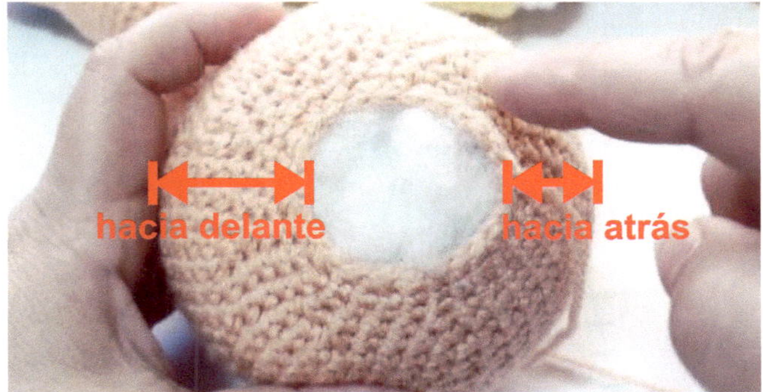

El sector más corto irá hacia atrás y el más largo o ancho hacia delante.

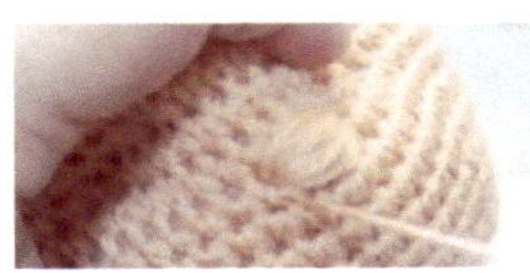

Bordamos la nariz con unas cuantas puntadas.

BORDADO DE BOCA

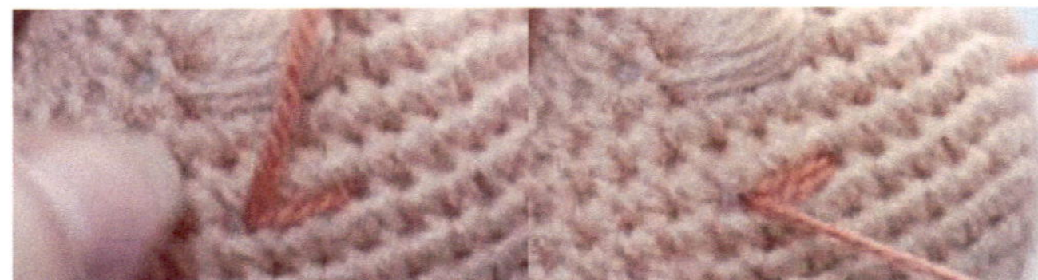

Con el color escogido para los labios, hacemos 2 puntadas del ancho de la nariz, 2 vueltas más abajo de ésta.

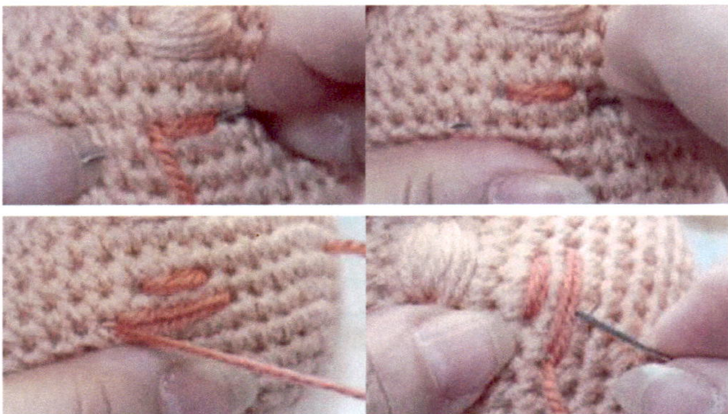

En la vuelta de debajo, 2 puntos hacia los lados, hacemos 2 puntadas más.

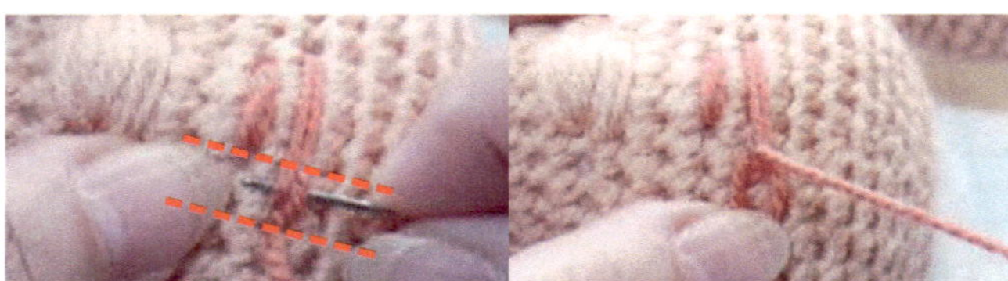

Rellenamos con lazadas las 2 hebras de debajo, desde el inicio de la comisura hasta el inicio de las puntadas superiores.

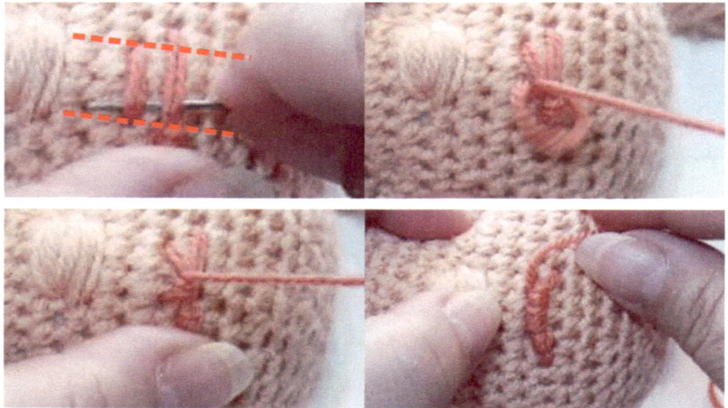

Rellenamos con lazadas las 2 hebras de debajo y las 2 hebras superiores, juntas, en toda la longitud de las hebras superiores.

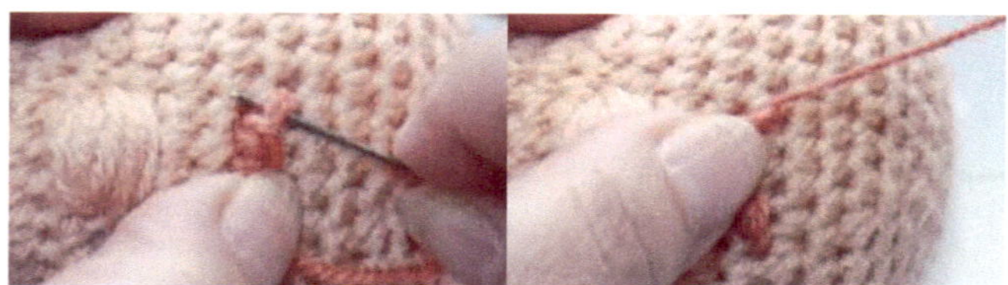

Terminamos de rellenar con lazadas el sector de las puntadas inferiores que ha quedado sin rellenar.

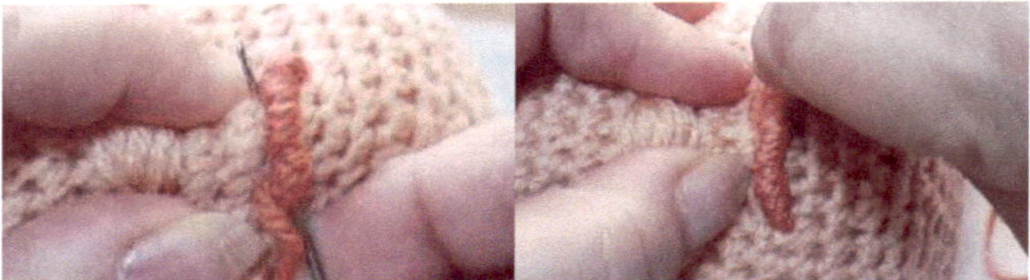

Hacemos un par de puntadas que sujeten el bordado al rostro.

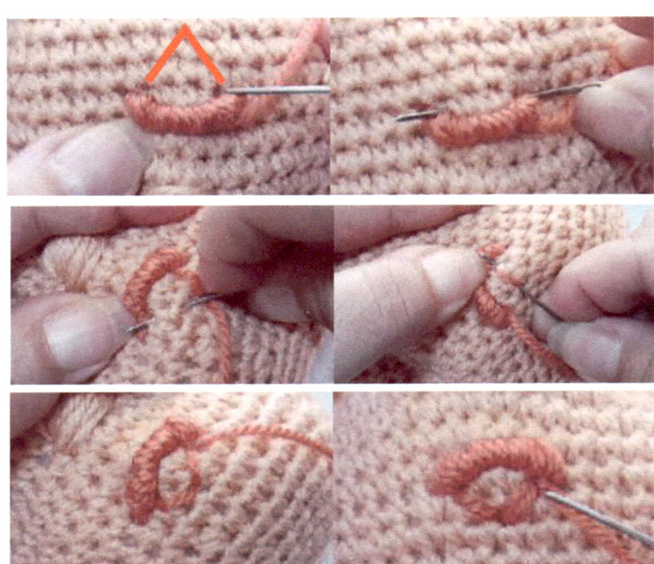

Bordamos una **V** a partir de las comisuras, hacia abajo. También con doble puntada.

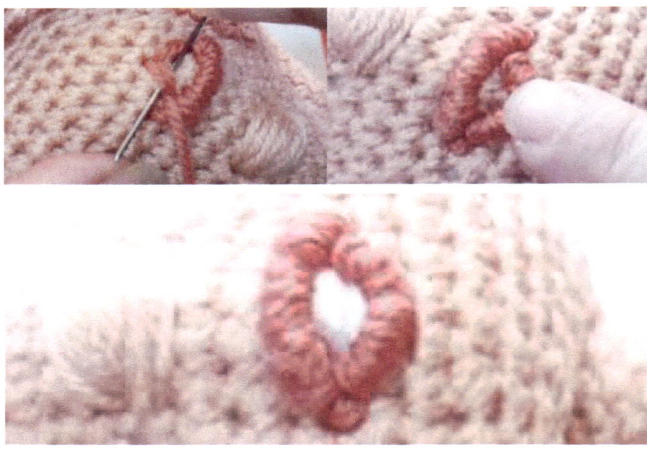

También rellenamos esas puntadas como hemos hecho con el labio superior.
Finalizamos rellenando con blanco el centro.

COLOCAR LA CABEZA

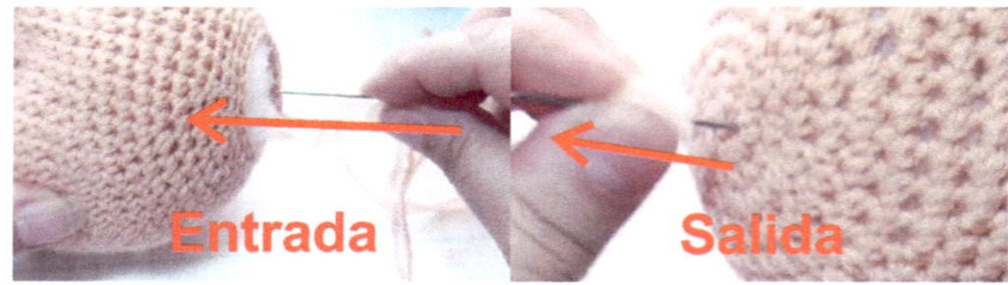

Enhebramos la aguja en la hebra larga que habíamos dejado en el cuello cerrado. Ingresamos con ella en el hueco abierto de la cabeza, y salimos por el centro del anillo mágico de la parte superior de la misma.

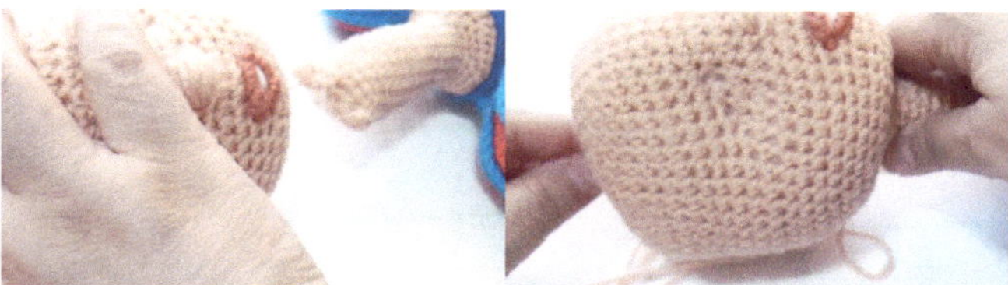

Mientras ajustamos la hebra, colocamos el cuello dentro de la cabeza.

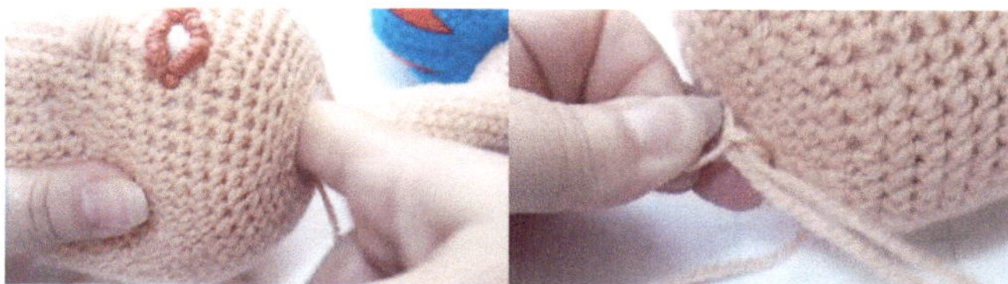

Cuando lo colocamos la posición deseada, anudamos por arriba, ajustando.

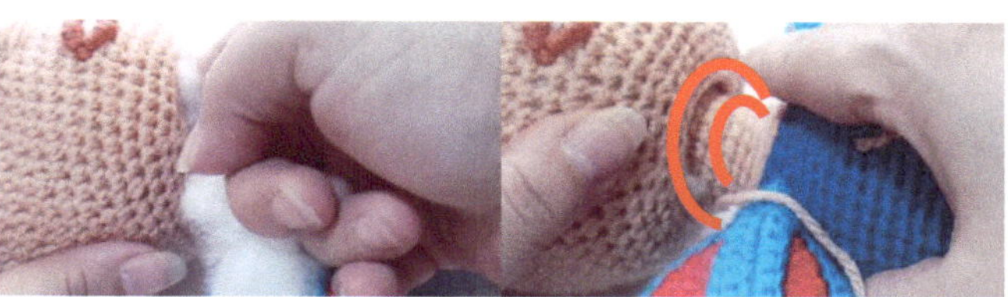

Terminamos de rellenar la cabeza para dar la forma adecuada.
Con la hebra final del tejido de la cabeza cosemos el contorno de su apertura al contorno de cuello.

CABELLO

PIEZA 1-casco, en negro

1: anillo mágico de 6 puntos
2: aum // x6 (12)
3: 1pb, 1aum // x6 (18)
4: 2pb, 1aum // x6 (24)
5: 3pb, 1aum // x6 (30)
6: 4pb, 1aum // x6 (36)
7: 5pb, 1aum // x6 (42)
8: 6pb, 1aum // x6 (48)
9: 7pb, 1aum // x6 (54)
10: 8pb, 1aum // x6 (60)
11//22: pb (60)
Cerrar. Dejar la hebra larga.

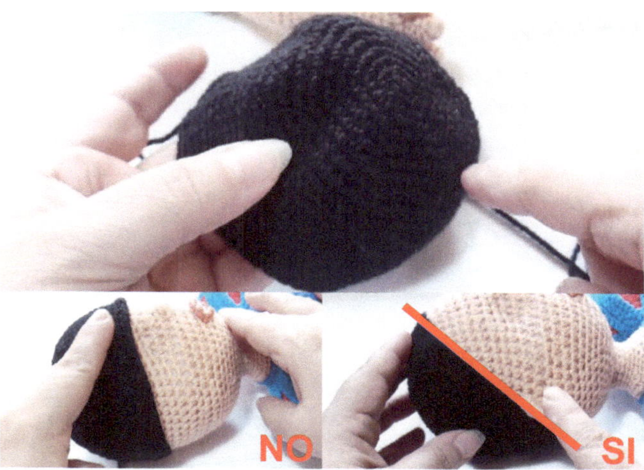

Colocamos el "casco" a la cabeza, y cosemos en posición inclinada con la hebra larga que habíamos dejado, para dejar más espacio en la frente y menos espacio en la nuca.

OREJAS

1: anillo mágico de 6 puntos
2: aum // x6 (12)
3: 1pb, 1aum // x6 (18)
Doblar por la mitad. Cerrar la apertura con puntos bajos.
Dejar la hebra larga. Curvar un poco y coser curvo al rostro.

1: tejer una cadena tan larga como para recorrer la distancia de oreja a oreja, más 26 puntos de cadena, y a partir del segundo punto, bajar por la misma tejiendo 25 aumentos de vareta o punto alto, luego tejer 3pb en la cadena de inicio. Repetir hasta completar la cadena de inicio. Cosemos o pegamos a través de la cadena inicial en la posición desde donde habíamos tomado la medida en un principio, orientando los rizos hacia el rostro. Luego acomodamos los rizos, pegándolos o cosiéndolos, para dar forma al peinado del rostro.

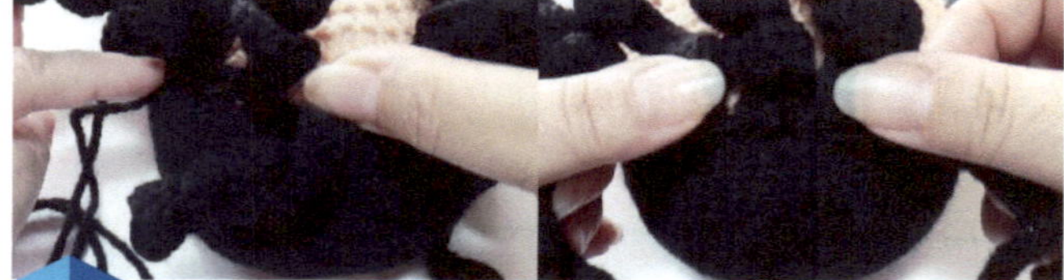

Coser la cortina de cabello a continuación del casco, de oreja a oreja, con los rizos orientados hacia el rostro.

Dividir en 2 el bloque de rizos.

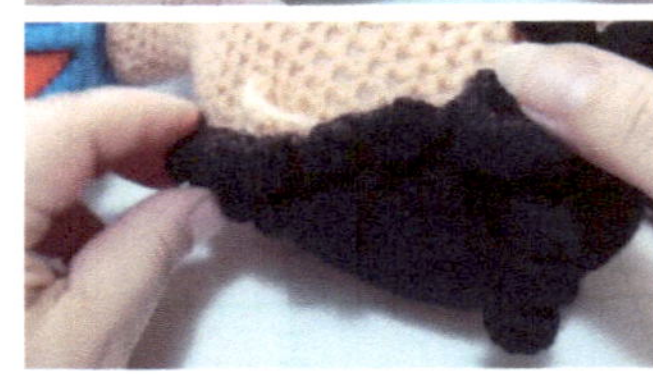

Coser o pegar 2 rizos detrás de la oreja, y al menos 1 por delante.

Coser o pegar el resto de rizos hacia atrás, unos encima de otros, o como crea más conveniente.

Dejar una pequeña loma o saliente por el frente de cada rizo para levantar el peinado.

Tejer una cadena de 31 puntos, a partir del segundo punto bajar por la cadena con 30 aumentos de vareta o punto alto.

Repetir hasta obtener una cortina de cabello de 2 o 3 rizos.

Teja tantas cortinas como crea necesitar para su peinado, en este caso se han utilizado 3 cortinas.

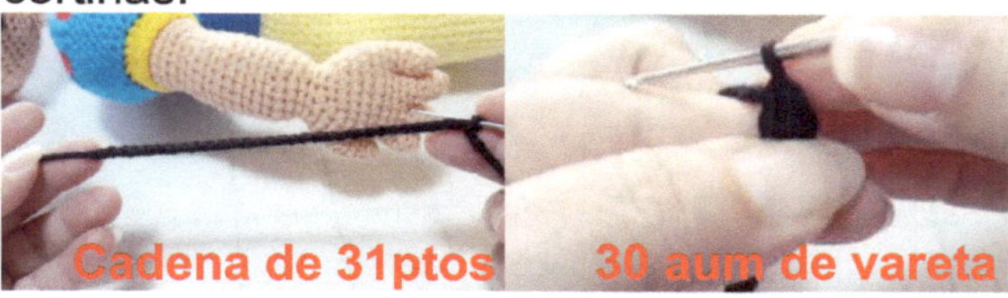

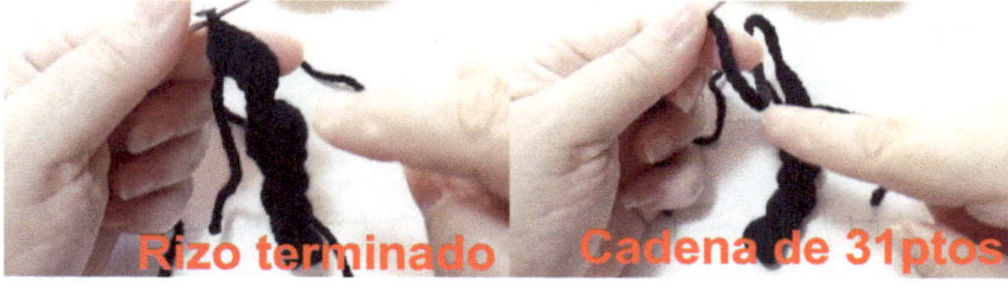

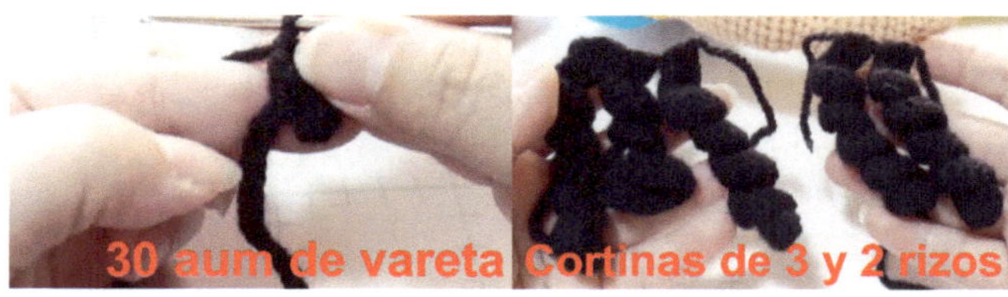

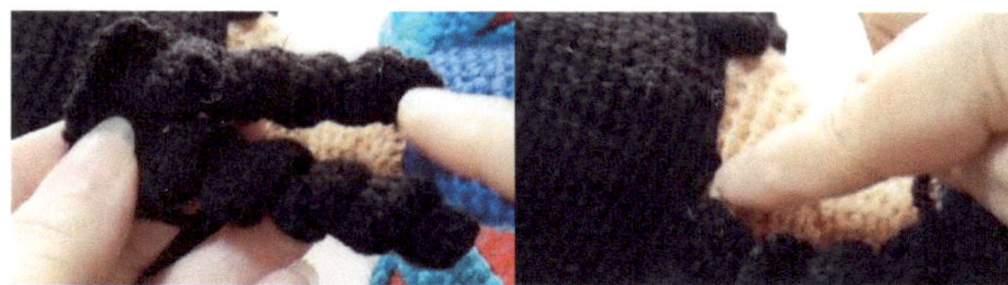

En este caso, se ha utilizado una cortina de 2 rizos para el hueco de la nuca.

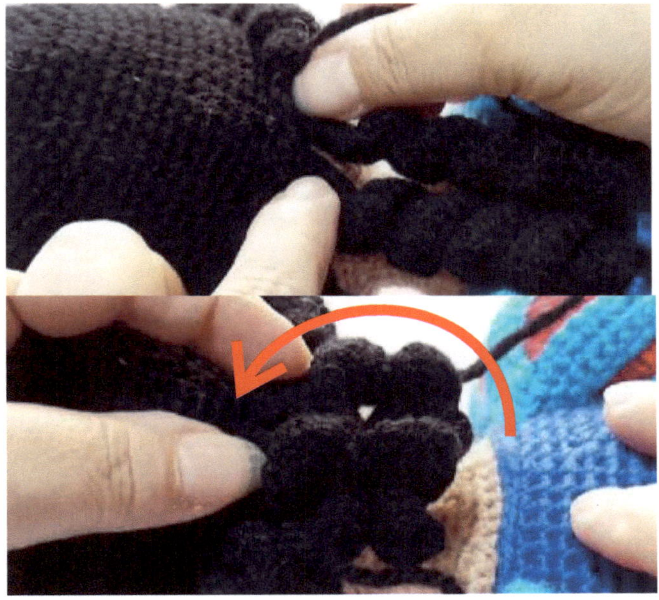

Coser o pegar la base de la cortina, luego levantar los rizos y coser o pegar sus puntas a la cabeza, para que quede un bucle por debajo.

También se han utilizado, en este caso, 2 cortinas de 3 rizos, que se han colocado por encima de lo anterior, a unos centímetros de distancia. Una desde el centro hacia la izquierda, y otra desde el centro hacia la derecha, por sus bases. Luego se suben y acomodan los rizos para finalizar el peinado por la parte trasera de la cabeza.

CUELLO DEL VESTIDO

En blanco, tejemos una cadena que sea capaz de recorrer la distancia desde: el inicio delantero de una manga hasta el final trasero de la misma, la parte trasera del cuello azul del vestido, el final trasero de la otra manga hasta el inicio de la misma.

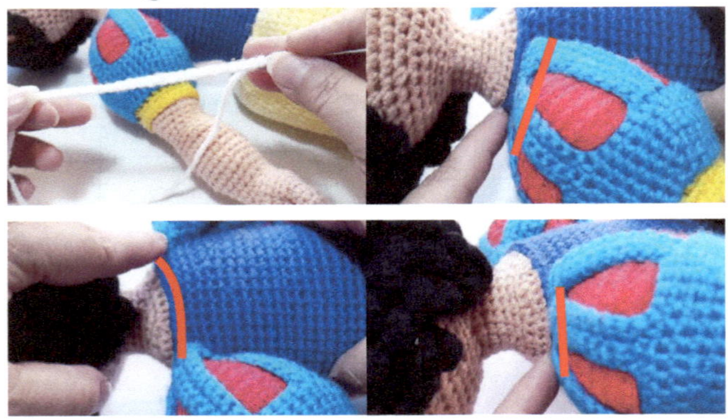

Sobre esa cadena, y a partir del 2º punto, levantaremos tantas vueltas de puntos bajos como sean necesarias hasta obtener el largo que usted desee darle al cuello del vestido.

Al finalizar de tejer el cuello, cerrar el punto y cortar la hebra larga para que nos sirva para coser, y luego debe volver con pespuntes laterales hasta la linea inferior de inicio, bajando hasta los puntos de la cadena inicial, y será con esa hebra con la que coserá el cuello al cuerpo, recorriendo esa distancia que habíamos indicado antes, teniendo cuidado de hacerlo por debajo de los primeros puntos azules, de la cadena azul expuesta del vestido.

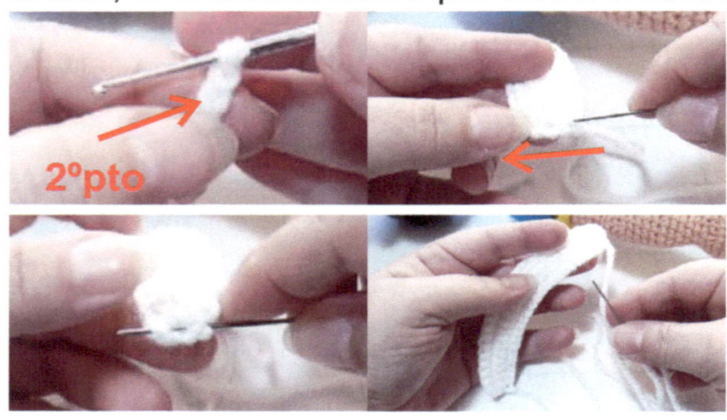

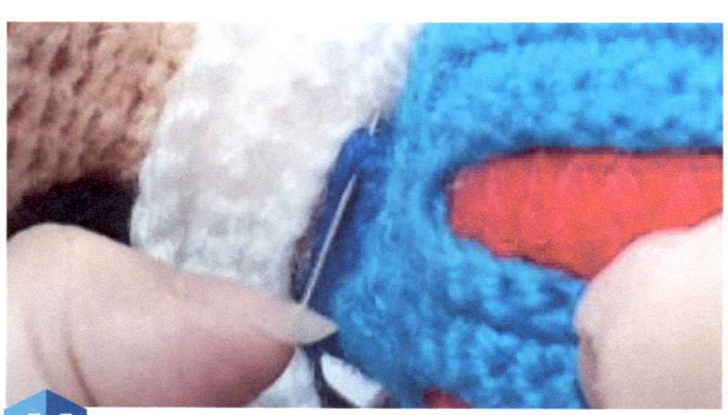

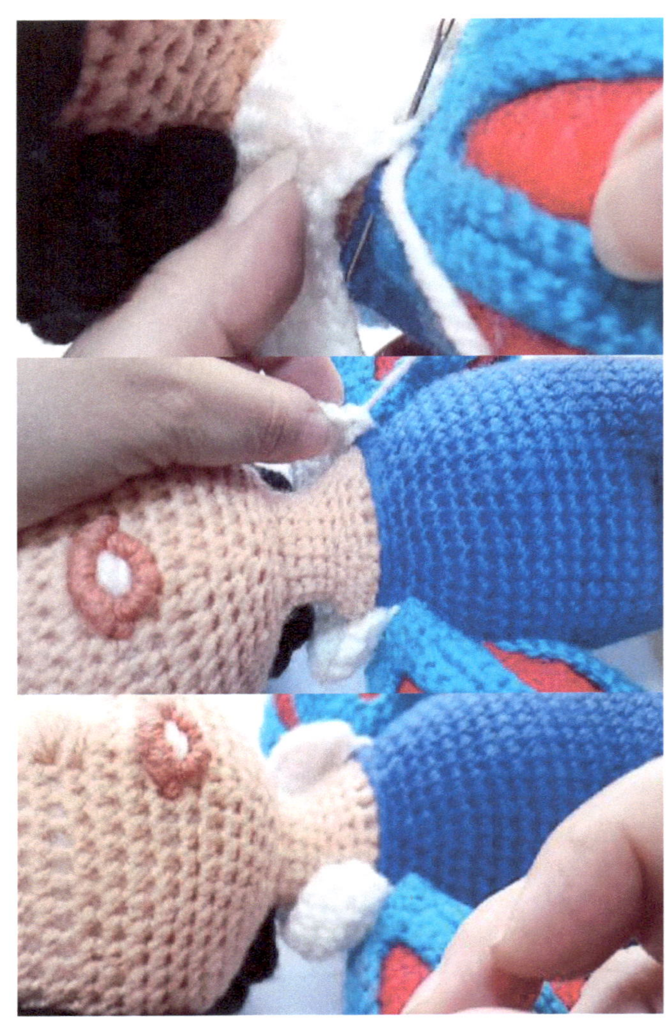

OJOS

Los ojos son piezas dibujadas, pintadas con pintura acrílica, recortadas y pegadas. Con una capa transparente de esmalte para uñas, para dar brillo.

Las cejas están recortadas y pegadas en fieltro negro.

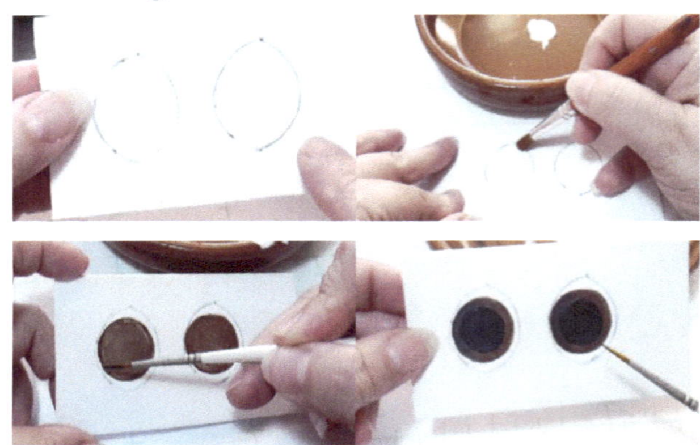

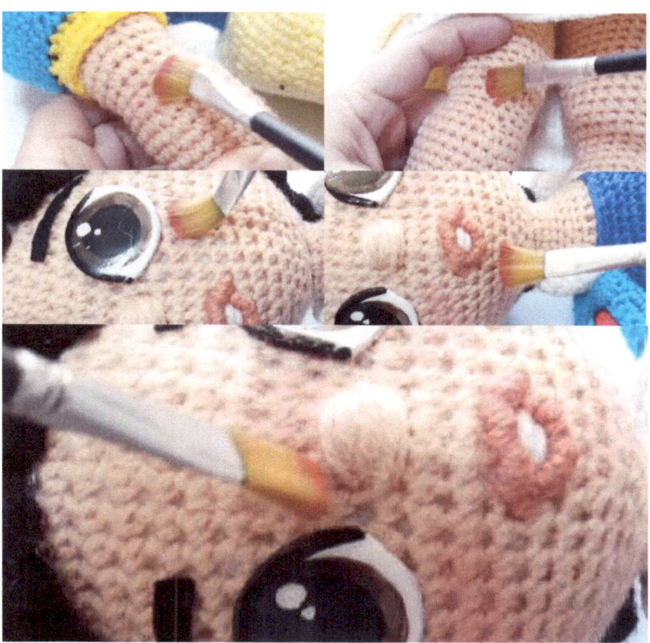

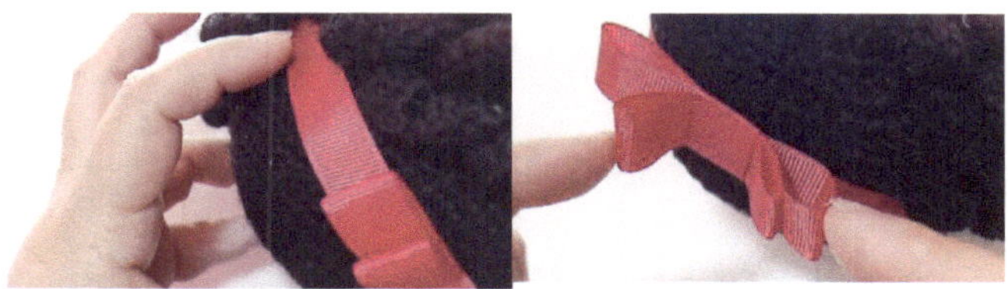

Se ha colocado un cinta de raso en la cabeza, desde detrás de una oreja hasta detrás de la otra, y por encima un lazo, en el centro.

Se han realizado 2 lazos amarillos con cinta de raso para los zapatos.

Se han colocado una franja amarilla de fieltro, a modo de cremallera, recorriendo todo el frente azul del vestido.

DETALLES FINALES

Se ha utilizado la técnica del pincel seco para colorear las mejillas, por encima de la nariz, el mentón, los codos y las rodillas.

Descargar el pincel

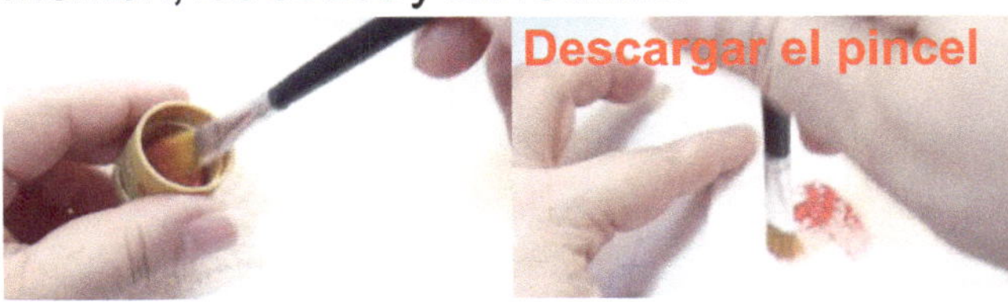

¡Esperamos que te haya gustado el proyecto!

Si se te presenta alguna dificultad, puedes recurrir a nuestro canal de YouTube donde se encuentra el tutorial explicativo.
Búscanos como **@*Pucapú Amigurumis***